Educar con las otras TIC: tiempo, interés y cariño

Manu Velasco

Educar con las otras TIC: tiempo, interés y cariño

Un libro para docentes y familias con los pies
en la tierra y la cabeza en las estrellas

Prólogo de Jorge Ruiz. Maldita Nerea
Epílogo de Mar Romera

Grijalbo

Papel certificado por el Forest Stewardship Council®

MIXTO
Papel | Apoyando la
silvicultura responsable
FSC® C117695

Penguin
Random House
Grupo Editorial

Primera edición: septiembre de 2024

© 2024, Manuel Ángel Velasco Rodríguez
© 2024, Penguin Random House Grupo Editorial, S. A. U.
Travessera de Gràcia, 47-49. 08021 Barcelona

Printed in Spain – Impreso en España

ISBN: 978-84-253-6757-1
Depósito legal: B-10.338-2024

Compuesto en Fotocomposición gama, sl
Impreso en Huertas Industrias Gráficas, S. A.
Fuenlabrada (Madrid)

GR 6 7 5 7 1

A ti. Estoy seguro de que el niño o la niña que fuiste está muy orgulloso del padre, de la madre o del docente que eres o vas a ser

A los que fueron, son y serán mis alumnos y mis alumnas. Por ayudarme a ser paciente y a entender que es más importante escucharos que enseñaros mil lecciones

A mi gran compañero y amigo Cape. Me siento afortunado por tenerte cerca. Más que mi paralelo eres mi perpendicular. Cuando nos cruzamos, formamos cuatro ángulos iguales que se complementan y suman para dar a nuestros alumnos una educación de 360°

Índice

Prólogo

No recuerdo bien cuándo nos conocimos. Debió de ser a mediados de la década de 2010 o por ahí. Ambos éramos embajadores del Talento de la Fundación Promete, una humilde y valiosa organización que impulsa la innovación educativa a través de uno de los mecanismos más ancestrales que posee nuestra especie: la escucha. Ya entonces se podía ver en Manu, en su discurso y en su manera de dirigirlo al público, que era un docente completamente excepcional. Una persona poco común y llena de sentido. El despliegue de su actitud arrolladora, unido al enorme alcance de sus palabras y a la convicción con la que las transmite te llegan muy adentro y con mucha fuerza. Te hacen entender con una claridad diáfana que el tan ansiado cambio en la educación depende principalmente de quien se sitúa justo delante de los alumnos, que ha de ser una persona de fe, ya que la mayor parte de la cosecha de esa «siembra educativa» solo se verá en el transcurso de las décadas futuras.

Pero cuando tienes la suerte de conocer de cerca la obra de Manu, vas entendiendo e interiorizando, poco a poco, cómo es posible que conecte tanto no solo con la infancia, sino también con toda la comunidad educativa. Y muy especialmente con sus colegas de profesión, «los profes y las seños». Para lograr esa conexión, el discurso de Manu es claro, sencillo y poderoso, y se basa en crear y cultivar con mimo y atención el instrumento más fuerte ideado por el ser humano para transmitir conocimiento: el vínculo. Pero ¿qué subyace siempre bajo ese vínculo? Es muy sencillo. Tan solo una cosa lo sostiene. El amor.

Para ejemplificar cuanto os digo, sirva esta anécdota como ejemplo.

En una ocasión, a Manu le tocaba vigilar a los niños de su colegio durante el recreo. Una de sus alumnas, V., se cayó y se dio un fuerte golpe en la rodilla. La niña lloraba sin parar. El resto de los profesores que vigilaban, aunque trataron de consolarla, no le dieron demasiada importancia ya que pensaron que había sido solamente un susto y que no debía de dolerle demasiado. Hasta que llegó Manu y le preguntó:

—¿Cuánto te duele?

—Mucho —contestó la niña.

Lo siguiente que recuerda V. es a Manu llevándola en sus brazos al hospital que hay a apenas a unos cientos de metros del colegio. Al contarme esta anécdota, V. me explica lo vivido con una frase sencillamente espectacular: «Lo que a ti te pasa lo siente como suyo. Tu dolor está en su piel».

No sé si se puede decir algo más bonito sobre un maestro que cuida de ti durante tu infancia, pero si ella lo recuerda con tal claridad después de tantos años, es que el vínculo emocional entre ambos es indestructible.

Y es que Manu sabe que un buen maestro no persigue nada más que construir ese vínculo. O, mejor dicho, permitir que suceda sin que otras cosas lo alteren, ya que es algo completamente natural. Y, en realidad, crearlo no requiere titulaciones interminables, másteres especialísimos ni currículos exorbitantes. Solo precisa que el adulto entienda que la piel del niño es también la suya. Y ahí está la clave. ¿Cómo vas a amar la piel de otro sin ser capaz de amar con lucidez la tuya? En mi opinión, cuando uno decide dedicar su vida a la enseñanza, ha de saber que entrega su vida a la profesión más compleja y a la vez más maravillosa del mundo. Una profesión que no se puede desempeñar sin entender casi a la perfección la naturaleza del ser humano. No es «ser profesor», no. Es ser discípulo de aquel que viene hacia ti, el alumno, que se te entrega en cuerpo y alma con una confianza ciega, y tratar de acompañarlo con todo tu corazón hacia donde se dirija. Eso es todo. Ni más, ni menos.

Ya sabemos que hablar de educación es siempre algo complejo, pero resignarse a pensar que no podemos hacer nada para mejorarla es no entender que el sistema educativo, para el niño, es todo lo que sucede una vez que se cierra la puerta del aula. Así que dedicar la vida a educar es dedicarse por completo a los demás. Y cierto es que, con el ritmo de vida que hemos elegido, tan ansioso y extremo, cada vez es más difícil detenerse a admirar las pequeñas cosas valiosas que brillan a nuestro alrededor.

Pero eso no significa que no existan, y de vez en cuando te encuentras auténticas maravillas, realmente inspiradoras para el ámbito educativo y para la vida. La publicación de este libro sin duda lo es. Está escrito con el corazón. Y si le dedicas tiempo, es muy probable que, al leerlo, sientas un irrefrenable deseo de querer ser mejor persona. Y si eres docente, de ser mejor educador. Las cosas que proponen sus líneas ni son complejas ni están solo al alcance de unos pocos. Y la senda que conduce a ellas no se halla escondida en ningún recóndito lugar, sino que es la de alguien que, sin dejar de innovar, practica una pedagogía perenne y tremendamente humanista, muy alejada de poses, modas y superficialidades de todo tipo, y con el único propósito de tocar el corazón de cada ser y acompañar sus latidos justamente allá hacia donde estén destinados a ir.

Y esta pedagogía sabia, como me gusta llamarla, que no se estudia en las facultades ni tampoco en cursos online, pero que está en nuestro ADN, implica interiorizar muy bien las siguientes palabras: lo difícil no es escuchar, sino detenerse a escuchar. Eso es todo. Si tienes en las manos este libro, sin duda es porque algo en ti te dice que tu auténtico potencial como educador se puede desarrollar mucho más aún, porque, como sabes, nunca dejamos de ser aprendices por mucho título académico que figure en nuestro currículo. Y eso, querido lector, es una muy buena noticia.

Que disfrutes de la lectura. Te lo mereces.

Gracias infinitas, Manu. Por este libro, y por todo lo demás.

Hacen falta más personas como tú. Y menos miedo.

Jorge Ruiz. Maldita Nerea

Introducción

Antes de que te sumerjas en el libro que tienes en las manos, quiero advertirte de que no vas a leer nada que no sepas, así que procura no poner el foco en si ya lo sabes o no, sino más bien en si lo intentas hacer o no, porque eso es lo que marca realmente la diferencia.

Es un buen momento para detenernos y volver a reflexionar con calma sobre todas esas cuestiones evidentes y cotidianas que dan sentido a la educación. Es un buen momento para recordar. Como dice el escritor francés André Gide: «Todo lo que necesita decirse ya se ha dicho. Pero, como nadie estaba escuchando, todo tiene que decirse de nuevo». De modo que a lo largo de esta aventura trataré de recopilar todo aquello que, en mi opinión, nunca se nos debe olvidar. Para ello, utilizaré mi propio estilo, empleando diferentes metáforas, símiles, aforismos, analogías, juegos de palabras y algunos versos en vertical que en ningún momento aspiran a ser poesía. ¡Eso son palabras mayores! Mejor dejar la poesía a quien está dotado de la gracia y la sensibilidad necesarias.

Me gustaría dejarte claro que no he escrito este libro para convencerte de nada, sino solo para contarte todo aquello de lo que estoy plenamente convencido, para compartir contigo mi forma de ver la educación, entendiendo siempre que existen otras formas, tan válidas o mejores que la mía. También porque, de una u otra manera, necesitaba leerlo. He de confesar que empecé a escribir pensando principalmente en que los destinatarios de mis palabras fuesen los padres y los educadores, pero creo que todo lo que aquí hallarás es aplicable a cualquier ámbito de nuestras vidas y a cualquier profesión.

Suelo definirme como un maestro y un padre con los pies en la tierra y la cabeza en las estrellas. Desde el año 2004 estoy también con los pies en el aula, por lo que todo lo que encontrarás en estas páginas nace de mi experiencia con mis alumnos, con mis hijas, con mis compañeros, con mis familias. Aquí hallarás algunos de mis pocos aciertos y bastantes de mis muchos errores.

He intentado en todo momento desnudar mi alma para transmitir lo que siento haciendo lo que hago como padre, como docente y como familia de acogida. Desde ahí te voy a hablar, desde ahí surge todo lo que te voy a contar. Solo espero que algo te sirva, que algo te motive, que algo te acompañe cuando lo necesites. Si así es, abrázalo y hazlo tuyo. La educación debe ser como un buen libro que te sacude, que te despierta y que te hace cuestionar el mundo e, incluso, cuestionarte a ti mismo. Ojalá parte de lo que comparto contigo te genere algunas de estas sensaciones.

Quiero comenzar animándote a realizar tres experimentos sociales muy sencillos para comprender en qué sociedad estamos inmersos, en qué sociedad les ha tocado vivir a nuestros hijos y alumnos.

Para el primer experimento precisas un teléfono móvil. Hoy en día todos tenemos uno, ¿verdad? Pues bien, cuando dispongas de un rato, cógelo y llama a la persona que más quieres en este mundo. Cuando descuelgue y te conteste, simplemente dile: «Te quiero». ¿Cuál será la respuesta de esa persona? Puede ser un «Y yo a ti», pero es muy probable que sea un «¿Qué te ha pasado?», un «¿Has tenido un accidente?», un «¿Te han echado del trabajo?» o un «¿Qué te ocurre?».

¿Qué quiero decir con esto? Pues que **dejamos sin decir muchas palabras que nuestros hijos o alumnos, nuestros compañeros, amigos y familiares necesitan oír.**

El segundo experimento tiene que ver con un semáforo. Esta anécdota me ocurrió con mi hija mayor, Amélie, en nuestra ciudad, León. Seguro que te ha sucedido algo parecido en alguna ocasión. Amélie y yo vamos en coche. Un semáforo se pone en rojo, paro y, en ese momento, ella inicia una conversación conmigo. Me giro para hablar un instante con ella mirándola a los ojos, pero, mientras hablamos, el semáforo se pone en verde y no me percato. Tardo dos o tres segundos en meter la primera marcha y reanudar el viaje. En esos dos o tres segundos recibo más insultos que en toda mi infancia por parte del conductor del coche que está detrás de mí. No entro en más detalles, pero lo peor de todo es que, cuando me adelanta, continúa increpándome y yo me sorprendo a mí mismo pidiéndole perdón.

¿Qué quiero decir en esta ocasión? **Está claro: hemos normalizado cosas que no son normales, y que sea lo habitual no quiere decir que sea normal,** tanto en la vida como en la educación.

El tercer y último experimento se sitúa en una estación de metro o de tren. Ante todo, somos seres sociales y nos nutrimos de la relación que establecemos unos con otros. Así que, cuando entres en un vagón de metro o de tren, acércate a alguien a quien no conozcas y dile: «Buenos días». ¿Cuál crees que será su reacción? Pues, con toda probabilidad, si tiene un bolso o una mochila en la mano, lo apretará un poco más fuerte contra el cuerpo.

¿Y qué quiero decir ahora? **Tendemos a desconfiar de todo y de todos, tanto que acabamos desconfiando de nosotros mismos.** Si seremos buenos padres, buenas madres, buenos docentes, buenos hijos, buenos compañeros, buenas directoras, buenos directores...

Esta es la sociedad en la que viven nuestros hijos y alumnos, una sociedad que les ha venido dada y que en sus manos está mejorarla. Muchas veces, cuando en las aulas tenemos un alumno desmotivado o con otras dificultades, solemos señalarlo antes de tiempo. Lo señalamos a él, a su familia y a su entorno, sin darnos cuenta de que, cuando señalamos a alguien, siempre siempre siempre tres dedos nos señalan a nosotros.

Antes de iniciar el viaje hacia mi manera de comprender y de ver la educación, me gustaría compartir contigo otra anécdota que me ocurrió con mis hijas en la tierra de su madre, la maravillosa Bretaña francesa, que os recomiendo visitar si se os presenta la ocasión.

Amélie y Juliette están en la playa mirando un increíble castillo que emerge en medio de una isla. En ese momento, me acerco por detrás y les digo: «Os voy a decir un secreto». Ellas se alegran: «Dinos, papá». Y se lo digo: «Os quiero». Entonces, Amélie se separa un poco y me contesta: «Papá, eso no es un secreto, eso ya lo sabemos, eso ya lo sé».

Quizá ese «ya lo sé» sea lo más importante de cualquier infancia, saberse querido, apreciado y valorado; saberse importante, tenido en cuenta y capaz; saberse mirado y escuchado. Tenemos que ser conscientes de que algunos alumnos se están enfrentado a la peor de las guerras, a una infancia sin regazos y sin abrazos, sin juegos en la calle y sin cabañas en los árboles, sin «te quieros» y sin castillos en el aire, a una infancia muy alejada de cualquier infancia soñada. Nosotros podemos convertirnos en bálsamo y en salvación para ellos, debemos convertirnos en su oportunidad de crecimiento, podemos sacarlos, aunque solo sea un momento, de esa injusta guerra. Nosotros no podemos mirar para otro lado.

Pues dicho esto, empecemos. Creo que en educación y en la vida todo comienza y se extiende gracias a lo que me gusta llamar el **Efecto Purpurina** o, en Latinoamérica, el Efecto Escarcha o Brillantina. Este efecto desencadena y hace posible muchas cosas, pero sin duda alguna la más importante de ellas es que **nos permite educar con las otras TIC** (tiempo, interés y cariño). Sin estas TIC nada es posible.

El Efecto Purpurina en educación

La innovación, la actitud, la motivación, la creatividad, los valores, las otras TIC y la buena educación pueden transmitirse de unas personas a otras, de unos centros educativos a otros, de unas familias a otras, como la purpurina.

Recuerdo mis clases de plástica en educación primaria. Trabajábamos con purpurina, intentábamos pegarla dentro de determinadas figuritas procurando recogerla en el bote al terminar. ¡No te la podías quitar de encima! Luego tocabas a un compañero y se la llevaba puesta.

Pues bien, con la innovación, la actitud, la motivación, la creatividad, los valores, las otras TIC y la buena educación con los que arrancábamos el capítulo pasa como con la purpurina: en cuanto los sacas del bote, ya no hay manera de volver a meterlos. No hay forma de contenerlos, de evitar que se propaguen, de evitar que brillen... ¡Le das un beso o saludas a alguien, y se los lleva puestos de regalo! Todo comienza y se extiende gracias al Efecto Purpurina.

Todo se inicia abriendo esos botes de purpurina presentes en cualquier centro educativo, presentes en cualquier hogar. ¿Cuáles son los primeros botes de purpurina que debemos abrir?

Eso es lo que vamos a descubrir en este viaje, en este libro. Te invito a abrir conmigo cinco botes de purpurina que, en muchas ocasiones, tenemos cerrados en nuestros centros educativos, en nuestros hogares e incluso dentro de nosotros mismos.

OPTIMISMO

¿Empezamos? Vamos allá. Abramos el primer bote de purpurina, el bote OPTIMISMO.

Hace algunos años visité por motivos de trabajo la ciudad boliviana de Potosí. Me contaron que sus habitantes tenían fama de ser muy pesimistas, tanto que existía el siguiente dicho: «Cuando un potosino se desmaya, no vuelve en sí, vuelve en no». Lo contrario de lo que debemos hacer cada mañana al despertar para afrontar el día con actitud optimista.

MIGUEL ÁNGEL SANTOS GUERRA

El optimismo y el buen humor se contagian, nos animan y nos ayudan a educar y a innovar. Decía Víctor García Hoz: «En cualquier cosa, acontecimiento o relación personal, puede haber algún bien». Al abrir este bote de purpurina estaremos aprendiendo a mirar así.

Las personas optimistas vibran, no es necesario empujarlas ni decirles que hagan las cosas. Simplemente las hacen. Como maestro, me refiero al optimismo como actitud, no debemos confundirlo con ese optimismo que nos convierte en *payasos de circo*, cuyo único y principal objetivo es que los alumnos se diviertan sin más, ya que nuestro principal objetivo es que aprendan y se desarrollen en todos los ámbitos posibles y, si este aprendizaje puede estar acompañado de diversión y de alegría, perfecto, pero no siempre podrá ser así, y está bien saberlo y asumirlo.

Somos dueños de nuestra actitud, podemos elegir siempre qué actitud mostrar, y ni el mejor de los ladrones será capaz de arrebatárnosla. Podemos decidir casi siempre con qué actitud nos enfrentamos a cada momento y a cada situación.

Cuando somos pesimistas, perdemos capacidad transformadora y capacidad creativa. Por lo tanto, ¿merece la pena serlo? El optimista suele ser una parte de la respuesta o la respuesta en sí. En cambio, el pesimista es casi siempre una parte del problema o el problema en sí. El optimista encuentra, al menos, una solución para cada problema. En cambio, el pesimista ve un problema en cada respuesta y en cada solución. ¡Tú eliges!

Ya lo dijo Savater: «Los pesimistas pueden ser buenos domadores, pero no buenos maestros».

¿Cómo empezamos a abrir este bote de purpurina? En los siguientes apartados te propongo varias posibilidades y alternativas para que este bote se mantenga siempre abierto en tu escuela, en tu hogar o donde tú quieras.

Bufet libre o lentejas, ¿qué prefieres?

Me gusta imaginarme nuestro sistema educativo y nuestra educación como un bufet libre donde cocinamos para los alumnos lo que cada uno de ellos necesita en cada momento para que ellos se vayan sirviendo, manteniendo siempre una dieta sana, equilibrada y variada.

¿Crees que nuestro sistema educativo es un bufet libre? Yo creo que no. ¿Sabes lo que es? Es un plato de lentejas, y ya sabes lo que se dice: «Comida de viejas, si quieres las comes y, si no, las dejas». Yo hago mío el dicho: «Comida de viejas, si quieres las comes y, si no, suspendes».

¿Son buenas las lentejas? Claro que sí, pero nadie come cinco veces a la semana lentejas por muy saludables que sean. Por tanto, ¿son buenos y necesarios los libros de texto y los exámenes escritos individuales de toda la vida? No digo, y no lo diré nunca, que el libro de texto o el examen escrito no sean necesarios. Son un gran recurso a nuestro alcance que, a veces, muchas veces, aparte de útiles, son más que necesarios. Sí, son buenos, pero sabiendo que existen además otras formas de enseñar y de evaluar. Como hemos dicho, no es necesario que los cinco días de la semana comamos lentejas, pero que en muchas ocasiones son muy recomendables. Además, hemos de tener en cuenta que las lentejas son un plato que admite más ingredientes, como la cebolla, la zanahoria, la panceta, el chorizo, etc. No descartemos las lentejas en nuestro bufet libre, utilicémoslas con criterio, hagámoslas más sabrosas e incluyámoslas como una receta más en nuestro menú educativo. Ampliaremos de esta manera nuestra concepción de la prueba de evaluación y del método de enseñanza. Podemos enseñar de otras maneras y obtener evidencias de aprendizaje de otras formas.

Lo criticable no es el libro, las fichas y el examen escrito, lo criticable es el uso que se hace, en algunos casos, de ellos.

Al mismo tiempo, introduzcamos nuevos platos y nuevos sabores, siempre bien cocinados y siendo conscientes de todo lo que nos pueden aportar sus nutrientes. No se trata de improvisar y cocinar a ciegas, sino de cocinar bien y sabiendo siempre lo que se cocina, es decir, con unos conocimientos teóricos y prácticos adecuados para que los platos que elaboremos no solo sean vistosos o sabrosos, sino para que, sobre todo, sean nutritivos y saludables. Y recuerda que más vale poco para aplicar que mucho para adornar.

Está claro que los maestros y los padres, de una o de otra manera, somos cocineros que intentamos cocinar para nuestros alumnos e hijos aquello que necesitan comer. Cocinamos emociones, sentimientos y experiencias que les permiten sentir y descubrir para llegar a tener un conocimiento más profundo de sí mismos. También cocinamos contenidos, competencias y aprendizajes para que cada vez sean más autónomos e independientes.

Por lo tanto, antes de ponernos a cocinar tenemos que conocerlos, comprender sus tiempos, sus inquietudes, sus pasiones, sus miedos, sus habilidades y sus dificultades. No podemos no conocerlos. Algo que debemos recordar en todo momento es que es imperativo conocer a quien hemos de educar. Por ahí es por donde debemos empezar, por donde ellos estén, por lo que cada uno es, ya que antes de educar a nuestros alumnos e hijos debemos aceptarlos y respetarlos. Luego, nos plantearemos dos preguntas:

1. ¿Para qué cocinamos?
2. ¿Cómo cocinamos?

¿Para qué cocinamos?

Para dar más valor al ser que al saber en todas las etapas educativas y en todas las etapas de la vida. Si conseguimos que nuestros alumnos e hijos sean, a buen seguro, sabrán. De nada vale saber mucho sin ser nada. Por eso debemos cocinar para que **SEAN**:

- **Buenos**. Para que nunca les sirva de excusa lo que otros han hecho mal. Para que su sola presencia alegre a los demás y para que no provoquen lágrimas en los ojos de otras personas.

- **Ellos mismos**. Para que no se dejen llevar por modas y para que estén orgullosos de lo que son, de su personalidad, de sus virtudes y de sus defectos. Para que no tengan miedo a ser diferentes.

- **Felices**. Para que vivan los buenos momentos con intensidad y disfrutando. Para que aprendan de los malos momentos. Para que nadie les impida hacer aquello que los hace dichosos.

- **Optimistas y soñadores**. Para que vean el mundo como un lugar con infinidad de oportunidades. Para que sepan que con esfuerzo e ilusión podrán conseguir muchas cosas.

- **Creativos**. Para que aprendan a solucionar problemas o llegar a la meta siguiendo diferentes caminos. Para que ellos elijan esos caminos, atreviéndose a decidir, sin temor a equivocarse.

- **Buenos amantes**. Para que amen a su familia, sus amigos, su ciudad, su pueblo, su colegio, la vida, lo que hagan y, sobre todo, para que se amen a sí mismos. Para que descubran que no hay cosa más bella que amar y ser amado.

- **Bondadosos**. Para que aprendan a regalar gestos, miradas, sonrisas, caricias, abrazos...

- **Valientes**. Para que se atrevan a perderse. Para que abran su mente, sus brazos y su corazón a nuevas cosas y a nueva gente.

- **Sinceros**. Para que se den cuenta de que solo la verdad los ayudará a crecer y a enfrentarse a la realidad.

- **Luchadores**. Para que lo intenten hasta el final. Para que pongan todo de su parte, haciéndose fuertes ante las adversidades. Para que persigan siempre sus sueños. *Never give up!*

- **Generosos**. Para que regalen bonitas palabras. Para que compartan ideas, sonrían, acompañen y escuchen a quien lo esté pasando mal.

- **Curiosos**. Para que estén atentos y disfruten de la vida sabiendo que cada día es único e irrepetible; para que sepan que el conocimiento es un gran tesoro que los hará capaces y libres.

- **Buenos amigos**. Para que puedan interpretar miradas, entender los silencios, perdonar los errores, guardar secretos, prever caídas, secar lágrimas. Para que cuiden sus relaciones sociales. Para que se olviden del teléfono móvil cuando estén con un amigo y para que escuchen de verdad, mirando a los ojos y disfrutando del momento presente.

- **Originales**. Para que busquen otras alternativas. Para que confíen en sus ideas e intenten hacerlas realidad.

- **Educados**. Para que nunca se olviden de decir «buenos días», «por favor», «gracias», «¿cómo estás?», «me alegro de verte», «de nada», «perdón», «hasta luego»... Sea en el idioma que sea.

- **Fuertes**. Para que «no lloren por sapos que se creen príncipes». Para que afronten los malos momentos recordando los buenos y dando tiempo al tiempo.

- **Activos**. Para que descubran sus talentos y habilidades. Para que se muevan y piensen con el corazón. Para que sepan que ellos cuentan con el mayor de los superpoderes a los que un adulto puede aspirar: Ojos de Niño. Para que siempre tengan presente que los sueños se pueden soñar en la cama, pero que se cumplen levantándose de ella.

Y entonces... ¿cómo cocinamos para conseguir que SEAN?

- Aprendiendo a no ser un elemento de presión en el aula y en el hogar.

- No generando urgencias.
- Huyendo de los castigos.
- Cuidando nuestro tono de voz y la manera de dirigirnos a ellos.
- Olvidándonos de hacer discursos vacuos.
- Procurando desarrollar en ellos capacidades diversas.
- Haciendo más rica nuestra oferta de experiencias educativas sin llegar a sobrecargar sus agendas.
- Disminuyendo el número de ejercicios y de actividades repetitivas y aumentando el número de experiencias y vivencias. Aplicando cada vez menos el ABF (aprendizaje basado en fichas). En educación hay pocas cosas tan eficaces como adaptar el currículo a la vida de nuestros alumnos, a sus intereses, a sus preocupaciones, a sus inquietudes y a sus necesidades. Además, ¿qué me asegura más el aprendizaje de, por ejemplo, el sistema monetario? ¿Hacer que mis alumnos realicen treinta ejercicios repetitivos y descontextualizados de un libro de texto o preparar un mercadillo donde venden, compran y se dan las vueltas para adquirir manualidades o dibujos que ellos mismos han creado? ¿Y cómo aprenderán más cosas sobre el otoño mis alumnos de educación infantil? ¿Haciendo diez fichas sobre la estación en las que pintan hojas, colorean caracoles, etc., o saliendo al patio o al parque a empaparse del otoño?
- Sabiendo que cada persona es única y actuando en consecuencia.
- Teniendo claro que los ladrones de infancia (los deberes) no tendrían por qué ser siempre necesarios y darse siempre en el mismo formato.
- Escuchando y valorando sus opiniones.
- Teniendo en cuenta el papel fundamental del movimiento y del cuerpo en el aprendizaje.
- Sabiendo que no es necesario decir veinte veces al día «¡chisss!» para seguir siendo docentes o padres.

- Sembrando alegría con una cara alegre. Sembrando confianza confiando.
- Practicando la mayor innovación atemporal que siempre ha existido: querer al alumno o a los hijos. Un alumno o un hijo no aprende o no aprende todo lo que podría aprender de una persona de la que sabe que no lo quiere, que no lo aprecia; de una persona a la que observa desde la lejanía que aquella ha impuesto con una barrera invisible de frialdad. Aprenden de verdad cuando se sienten queridos.
- Buscando más cualidades y menos defectos. Buscando más soluciones y menos problemas.
- Siendo. El área de la que más van a aprender no es de la de lengua, matemáticas, sociales o inglés, sino de aquella que se llama ejemplo. En muchas ocasiones, nuestros alumnos e hijos no suelen hacer lo que les decimos, pero en muchos momentos sí suelen hacer lo que hacemos. **Enseñamos más con una vez que hagamos que con veinte que digamos.** El ejemplo enseña y educa; el ejemplo es una gran fuente de aprendizaje, tanto el bueno como el malo, así que... ¡ojo!

Simplemente, se trata de intentar ser el mejor cocinero que podamos, el mejor maestro, padre o madre para acompañarlos, para que se conviertan en la mejor persona que cada uno pueda llegar a ser. O como diría el gran Senador Pallero: «La educación es hacer de Pepito el mejor Pepito que Pepito pueda ser». Este aspecto es muy importante, porque un buen docente o un buen padre es capaz de hacer buena una mala pedagogía, y un mal maestro o un mal padre puede hacer mala una buena pedagogía. Según un pedagogo italiano: «Para enseñar latín a John, más importante que saber mucho latín es conocer mucho a John».

Otro aspecto que hay que tener en cuenta es que si somos cocineros enseñaremos a nuestros alumnos e hijos a cocinar, no a memorizar recetas, que es muy sencillo. Quizá mis alumnos conozcan los ingredientes y los pasos para hacer una tortilla, ¡muy bien! Lo tendré en cuenta. Pero esto no será lo que más valore, ya que lo que me interesa es que sepan hacer una tortilla. ¡Pongamos a nuestros alumnos a cocinar! Es ahí donde tiene lugar el verdadero aprendizaje, aquel que emociona, que engancha, que deja huella y que perdura en el tiempo. Ese debería ser el examen o la prueba de evaluación, hacer una tortilla, no regurgitar simplemente en un papel los ingredientes y los pasos para hacerla.

Cocinemos para dotar a nuestros alumnos de confianza en sus capacidades y en sus posibilidades. No hay nada peor que la pérdida de confianza en uno mismo.

Cocinemos juntos, aprendiendo unos de otros, investigando en equipo, confiando y animándolos.

Cocinemos de manera creativa para acabar con el espacio tradicional del aula; con los horarios específicos y encorsetados; con la metodología asociada al libro de texto como única fuente de aprendizaje, y con la interacción del grupo clase con un solo docente.

Cocinemos a su lado permitiéndoles hablar, hacer y equivocarse, porque es así como aprendemos.

Cocinemos sueños y soñemos el mismo sueño:

Que nuestros alumnos SE(P)AN.

Hay vida más allá del ABF (aprendizaje basado en fichas) y del CAS (culo atornillado a la silla)

Ya sabes que, como acabo de decir, me gusta imaginarme nuestro sistema educativo y cualquier otro sistema educativo como un bufet libre donde cocinamos para nuestro alumnado lo que necesita en cada momento. También sabes que es complicado de llevar a cabo, y no porque los docentes lo hagamos mal, sino porque se suman muchos factores que lo impiden, entre ellos:

- La inadecuada ratio.
- La inapropiada inversión.
- La inaudita falta de docentes.
- Las insuficientes infraestructuras.
- El invisible e insignificante apoyo de la administración.

Con estos mimbres es difícil fabricar el cesto que nos proponen ley tras ley educativa, el cesto de la personalización y de la individualización de la enseñanza y del aprendizaje. Si algo está claro, es que el papel todo lo soporta, y más, por lo visto, el papel en el que se escriben las leyes educativas.

Debido a todo ello y a otros factores, este bufet libre se me antoja, curso tras curso, complicado. Es posible, como ya he comentado, reducir el número de actividades y de ejercicios repetitivos de los libros de texto y aumentar el número de experiencias y vivencias. Es posible tener en cuenta el papel fundamental del cuerpo y del movimiento en el aprendizaje. Es posible hacer todo esto sin irse a los extremos, sin polarizar y sin contraponer cuestiones que no se pueden contraponer. Hablo de cuestiones como las siguientes:

- Una buena **clase magistral** puede ser maravillosa, despertar la curiosidad de nuestros alumnos y generar grandes aprendizajes. No alcanzo a comprender el descrédito al que está siendo sometida últimamente.

- La **memoria** constituye el componente esencial del conocimiento, y de ella dependen muchas aspectos, como nuestros automatismos, nuestros recuerdos, nuestra conciencia. La memoria nos ayuda a reflexionar, a deducir y a argumentar. La memoria nos permite llegar a conclusiones justas gracias a los datos que conocemos. La memoria siempre será un músculo que, de una o de otra manera, en la escuela y en el hogar, se debe ejercitar, un músculo que no podemos desprestigiar y desaprovechar.

- El **conocimiento** siempre será un gran tesoro que debemos preservar, cuidar y compartir. Está claro que las competencias son muy importantes y vitales, pero está igual de claro que sin conocimientos no hay competencias. Aquel que afirma que el conocimiento está en internet se olvida de la gran diferencia entre conocimiento e información. Del mismo modo olvida que en internet podemos llegar a hallar más cantidad de desinformación que de información. Es imposible aprender a aprender si no se afianzan conocimientos sólidos que nos permitan ir adquiriendo otros nuevos.

- Los **deberes**: si los alumnos y los docentes estamos al cien por cien en el aula, considero que no son necesarios, pero esto no quiere decir que siempre tenga que ser así. A mí me gusta ver cómo trabajan y lo que son capaces de hacer por ellos mismos en el aula para poder valorarlos de manera justa y precisa, para poder guiarlos y ayudarlos para que aprendan. A veces, estos deberes serán necesarios, no lo dudo, pero es importante variar su formato para que no se conviertan en más de lo mismo.

Si algo resulta obvio es que nuestros alumnos son diversos. Si algo resulta más obvio todavía es que, por ello, deben poder aprender de maneras diversas. No existen dos alumnos o dos hijos iguales, por este motivo debemos aprender a amar la torcedura de la vid y a saber que el alumno soñado es el que viene, con lo que venga y cuando venga.

Bajo mi punto de vista, es muy importante realizar algunos cambios, cambios bien pensados y ajustados. ¿Qué tal si empezamos por la evaluación? En muchas ocasiones, entendemos la evaluación como una herramienta de poder y de justificación a nuestra disposición, sin darnos cuenta de que, en realidad, es una herramienta de aprendizaje, de evolución y de transformación a su disposición. Y, en este caso, está claro que el adjetivo posesivo «su» se refiere a nuestros alumnos. ¡Son sesiones de evaluación, no de devaluación! Evaluar es sinónimo de aprender; evaluar es evolución; evaluar nunca puede ser despreciar, menospreciar, ni hacer de menos. La evaluación es una de las maneras más apropiadas de acompañar a nuestros alumnos en su crecimiento académico y personal. Si la evaluación no se modifica, no cambia nada.

Si quieres que tu alumno o tu hijo progrese y aprenda, no lo rebajes al espectáculo de sus debilidades y de sus fracasos, aliéntalo a ser mejor partiendo siempre de sus posibilidades, aunque estas sean modestas. Por ahí debemos empezar si queremos cambiar la evaluación, si, en definitiva, queremos mejorar la educación.

Siempre hay flores para aquellos que quieren verlas

Esta frase del gran pintor francés Henri Matisse es una invitación al optimismo:

Siempre hay flores para aquellos que quieran verlas.

Es importante que los docentes y los padres nos convirtamos en jardineros optimistas capaces de ver esas flores y cuidarlas.

Debemos tener muy presente que nuestra actitud causa un gran efecto en nuestra vida personal y en la vida de nuestros alumnos e hijos. Sé que en cada centro educativo existen y existirán siempre problemas y dificultades. Pero también sé que ante la adversidad tenemos la opción de relativizar y afrontar la situación con optimismo, ya que de esta manera podremos descubrir los rasgos más positivos de las personas y de las circunstancias.

No es nada fácil afrontar de esta manera las adversidades. Solemos anticipar o profetizar situaciones que con gran probabilidad nunca van a pasar. Vemos problemas en las oportunidades y no oportunidades en los problemas (que también las hay). Nos quejamos del viento no esperado, en vez de ajustar las velas y navegar hacia otras tierras. Nos dejamos enjaular con los problemas y con las críticas de los demás, con lo que nuestros problemas aumentan y nosotros nos damos a la crítica destructiva, al chismorreo fácil y a la rumiación tóxica.

Pero se puede, se puede ser optimista y empezar a buscar esas flores a nuestro alrededor. Ya lo decía Pearl S. Buck: «Muchas personas se pierden las pequeñas alegrías mientras esperan la gran felicidad».

¿Dónde y cómo podemos verlas?

En los compañeros: poniendo más energía en aquellos que quieran enriquecer nuestra existencia y la de los alumnos. Dejando ir a aquellos que solo nos traen críticas y quejas sin fundamento. Bienvenidas sean las críticas con fundamento, aquellas que nos hacen ver que nuestro punto de vista puede estar incompleto o equivocado, aquellas que nos ayudan a mejorar y que nos permiten seguir aprendiendo. El *Sálvame Deluxe* educativo no sirve para nada, y, al final, los mayores perjudicados son nuestras familias, nuestros alumnos y nosotros mismos. Si trabajas en un colegio o en cualquier empresa, sabes bien a qué me refiero. Aquel que habla contigo de mis defectos, también hablará conmigo de los tuyos.

En cada rincón de tu centro educativo: estando atentos a todo lo bueno que en algún lugar y en cualquier momento nos espera en nuestro día a día. Hace tiempo me percaté de que había convertido mi centro educativo en un lugar de paso. Acudía todos los días, daba mis clases y volvía para casa. Así, semana tras semana, mes tras mes, de manera rutinaria. Hasta que un buen día, después de hablar con una familia de camino al colegio, no sé aún por qué, me di cuenta de que no era un lugar de paso, sino que es un lugar repleto de pasos llenos de vida. Y esto lo cambia absolutamente todo.

Cuando era tutor de un curso de cuarto de educación primaria, tuve a una alumna que se llamaba Juncal, una alumna maravillosa que nunca olvidaré y que tiene síndrome de Down. Pues bien, todas las mañanas para empezar a trabajar y estar tranquila, Juncal me pedía arrancar el día bailando. Bien o mal, yo accedía a su petición y cada mañana sintonizaba con alguna emisora en la que estuviera sonando una canción, y Juncal y yo bailábamos, y poco a poco el resto de la clase se iba animando a bailar. Resulta que una de esas tantas mañanas llegó a mi centro educativo el inspector de educación con *sus cosillas*. Ya sabes, ¿no? Mi directora por aquel entonces, Marimar, me sacó de mi aula antes de empezar, ya que el inspector quería comprobar unos temas relacionados con las programaciones. Esa mañana, Juncal no tuvo su baile. A los diez minutos de estar reunido con el inspector, mi directora llamó a la puerta porque Juncal se había puesto muy nerviosa por no haber bailado, había entrado en cólera y estaba debajo de unas mesas y no quería salir. Me apresuré a volver al aula con mi compañera de apoyo, Puri. Allí estuvimos un buen rato intentando calmar a Juncal, pero todo era en vano, no fuimos capaces. La situación me preocupaba porque algunas personas con síndrome de Down presentan otras patologías asociadas, y en el caso de Juncal era una clara patología cardiaca. Decidí bajar a portería para llamar a su madre. Tardé dos minutos en bajar, llamar y en volver al aula. Para mi sorpresa, cuando llegué, Juncal estaba tranquila, sentada en su sitio, realizando una tarea manipulativa y feliz.

Entonces pregunté a la clase:

—¿Qué ha ocurrido? Puri y yo hemos estado antes intentando calmar a Juncal durante un buen rato y no lo hemos conseguido, ¿qué habéis hecho vosotros?

Una alumna llamada Lucía, desde el fondo del aula, levantó la mano y me dijo:

—Nada, Manu. Lo único que hemos hecho ha sido cantarle su canción favorita.

—¡Ah! ¿Y cuál es su canción favorita? —pregunté muy sorprendido.

—La de «un elefante se balanceaba sobre la tela de una araña», y al segundo elefante, ya estaba sentada en su sitio y tranquila, Manu.

¿Es esto una flor para mí? Por supuesto, una flor enorme. ¿Cómo era posible que los compañeros y compañeras de Juncal la conocieran mejor que yo, que me pagan para ello?

Como esta flor, nos podemos encontrar muchas día a día en todos los centros educativos y en cualquier hogar. No podemos dejar de verlas, no deben pasar desapercibidas por todo lo que suponen. He disfrutado mucho de esa gran flor a lo largo de los años, viendo cómo Juncal era querida, tenida en cuenta, invitada a todos los eventos, y siendo testigo de cómo todos sus compañeros se preocupaban en todo momento y en cualquier situación por ella. Solo puedo estar agradecido y con los ojos bien abiertos para ver y cuidar todas las flores que aparezcan en mi centro educativo, en mi casa y a lo largo de mi camino.

Dentro de cada uno: creyendo en nosotros, todo será más fácil. Colguemos las excusas y enfoquémonos en lo positivo. Tendemos a centrarnos demasiado en lo negativo, y eso no nos ayuda. Siempre digo que tenemos un cerebro «Booking». Cuando buscamos un hotel en esta o en cualquier otra agencia turística online, solemos ir a ver las opiniones de otros turistas. A lo mejor estamos viendo un hotel que tiene cien comentarios positivos, pero de repente leemos una reseña negativa y nuestra reacción es de automática desconfianza («Quita, quita, a este ya no voy»). Pesa más un comentario negativo que cien positivos. Y eso mismo nos ocurre con nuestros propios compañeros. Si tengo un compañero fantástico con cien cualidades positivas, pero detecto algo negativo en él, ¿dónde le doy?, ¿qué le recrimino normalmente? Nos cuesta mucho valorar lo positivo de los demás y muy poco criticar y ensalzar los pocos aspectos negativos presentes en cualquier persona. Como bien se dice, «Vemos la paja en el ojo ajeno y no vemos la viga en el nuestro». Con mucha facilidad nos damos cuenta de los defectos ajenos cuando los nuestros pueden ser mayores. Deberíamos hacer abstinencia, es decir, abstenernos de emitir tantos juicios de valor sobre la manera de actuar de las personas que nos rodean. Lo peor de todo lo que acabo de describir es que ocurre exactamente de igual forma con nuestros alumnos e incluso con nosotros mismos. Tiene más peso un aspecto negativo que cien positivos, cuando debería ser al revés y tendríamos que utilizar los aspectos positivos para avanzar y superar los negativos.

En nuestros alumnos: recuperando los ojos de la infancia para empatizar y disfrutar de la magia que hay dentro de ellos. Recuperándolos para educar a través de su mirada. Es sencillo. Si os pregunto cómo está el salón de vuestra casa, todos me responderéis que a vuestro gusto, ¿verdad? ¿Y si os pregunto cómo están vuestras aulas? ¿A gusto de quién? Nuestros alumnos son los que más horas están en ellas y deben sentir que de verdad es su segunda casa. Así que deberíamos darles una mínima autonomía para que así sea, dejándoles participar con sentido común y respetando las reglas que consideremos oportunas en la organización y la decoración del aula. Además, es evidente que, en muchas ocasiones y en muchos casos, no es su segunda casa, sino que es su primera casa, al menos si contamos las horas que pasan despiertos.

Si conseguimos ser optimistas y ver todas estas flores, nos **implicaremos** con nuestros alumnos e hijos, con nuestros compañeros, con nuestro colegio o instituto, con nuestro hogar y con la educación. Si no lo conseguimos, simplemente **participaremos** con ellos. Y existe una gran diferencia entre estos dos verbos. Gracias a esta ingeniosa frase de Juan Gómez-Jurado lo podemos comprender mejor:

> Hay una gran diferencia entre participar e implicarse. En un plato de huevos fritos con chorizo, la gallina participa y el cerdo se implica.

Suena raro, pero en educación tenemos que elegir entre ser gallinas o ser cerdos (dejando claro que la implicación de la que hablamos no nos debe llevar a dar la vida en el intento como hace el pobre cerdo). Entendamos bien este contexto y comprendamos que en este caso el término «cerdo» está muy alejado de todo matiz peyorativo. ¿Tú qué eliges?

También tenemos que decidir entre construir o criticar; entre amar lo que hacemos o seguir la ley del mínimo esfuerzo; entre propulsar o frenar; entre ver flores o nubarrones; entre hacer las cosas para gustar a otros o porque nos gustan; entre preparar actividades pensando en que nuestros alumnos aprendan o prepararlas para adornar y presentarlas a un premio...

¿Cómo implicarse?

Existen diferentes maneras de implicarse, pero no estaría mal empezar por estas tres:

- Implicarse alejándose de los excesos tan comunes hoy en educación y que no hacen más que manifestar carencias. Todo exceso expone una carencia.
- **Implicarse alejándose de esta pirotecnia educativa, pedagógica, metodológica y tecnológica que llena las clases de mil actividades y de demasiados estímulos, muchas veces, innecesarios.**
- Implicarse utilizando una de las mejores pedagogías que siempre ha existido: estar, un *estar a pelo*, basado en la sencillez y en el disfrute del momento compartido. Cuando un padre o un docente *está*, se nota. Os animo a ser docentes o padres «*to be*»; docentes y padres que son y que, a la vez, están. Nuestra presencia los hace estar presentes.

¡Te animo a no vivir las preocupaciones cuando no toque vivirlas y a cuidar todas las flores que encuentres a tu alrededor!

¡Te animo a no esperar un milagro y a darte cuenta de que el milagro eres tú!

Docentes y padres ALMA

Un educador optimista debe ser un educador ALMA, debe creer en sus alumnos e hijos y en sus potencialidades. Un educador ALMA acoge, libera, muestra y acompaña.

¿Cómo puedes saber si ya eres ALMA o cómo puedes llegar a serlo?

- **A**coge - Comprende a tus alumnos y a tus hijos tal y como son, sin imponerles un ideal de lo que piensas que deberían ser.

- **L**ibera - Enséñales a liberarse de ti. Intenta no invadir su campo competencial y no colonizar su ámbito de libertad, aquel en el que ellos pueden y deben decidir y hacer.

- **M**uestra - Sumérgelos y anímalos a disfrutar buceando en el gran océano del conocimiento hasta que salgan empapados y asombrados de todo lo descubierto. Genera las oportunidades necesarias para que puedan utilizar y aplicar lo que han descubierto bajo sus aguas.

- **A**compaña - Ayúdales a aprender a ser lo que son capaces de ser. Genera las condiciones necesarias para que puedan tener experiencias de éxito, aunque también experimentarán el fracaso. Procura generar las condiciones necesarias para que se sientan valorados, apreciados, escuchados, vistos y tenidos en cuenta. Aliéntalos a ser mejores partiendo de sus posibilidades, sean estas las que sean.

«Maternaje»

Siempre recordaré a un profesor de educación secundaria que me dio clase cuando tenía catorce años. Se llama Juan Carlos y me permitió disfrutar de las matemáticas. Hasta entonces, siempre se me habían atragantado y todos mis maestros daban por hecho que no se me daban bien, y así quedaba la cosa. Juan Carlos me motivó, me hizo ver su utilidad, nos sacó del aula para entenderlas y nos transmitió su entusiasmo y pasión por los números. Desde aquel momento disfruté con esa materia y pude ver su magia. Juan Carlos sabía que existían tres maneras de transmitir conocimientos:

1. Mediante la comunicación de un discurso sabio.
2. Mediante la realización de unas prácticas.
3. Mediante el «maternaje».

¿Qué es el «maternaje»?

Es el modo en el que las madres enseñan a sus hijos a caminar. Ni se lo explican (comunicación), ni se lo demuestran (práctica). Sino que los animan a moverse hacia ellas.

Un buen educador, mediante el «maternaje», entusiasma y anima a sus alumnos e hijos para que quieran caminar hacia el aprendizaje.

Pero... ¿cómo podemos entusiasmarlos?

- Sabiendo que la alegría contagia alegría, la pasión contagia pasión, el entusiasmo contagia entusiasmo. Tenemos que ser aquello que queremos transmitir.
- Olvidándonos más a menudo de esas dos grandes muletas en las que nos solemos apoyar: el libro y el discurso oral.
- Sabiendo que en educación no existen técnicas milagrosas para contagiar el deseo por aprender.
- Siendo conscientes de que utilizar este método o este otro, esta tendencia o esta otra, no nos asegura que tengamos éxito. El deseo por aprender es un fuego que debemos avivar. Algunos de esos fuegos se encienden con una cerilla; otros, con un mechero; otros, soplando las brasas...
- Situándonos en nuestro contexto, conociendo a nuestros alumnos y abriendo bien los ojos para aprovechar las oportunidades que nos ofrece nuestro entorno.
- Haciendo lo que podamos con lo que tengamos, aunque a veces se necesite magia para ello. La falta de recursos nunca

debería convertirse en un muro que cierre el camino del aprendizaje a los alumnos.

- Teniendo paciencia e interesándonos más por el proceso que por el resultado.
- Reduciendo el uso de las cinco palabras que más repetimos los docentes en las aulas y los padres en los hogares:

    1. Atención.
    2. Silencio.
    3. Escuchad.
    4. Siéntate.
    5. Chisss...

- Aprovechando el placer por la acción de los niños y los jóvenes.
- Cuidando ese estado que tanto influye en el aprendizaje: el estado emocional.
- Teniendo muy presente que toda actividad intelectual requiere de actividad corporal. No debemos proclamar el silencio como la principal virtud de nuestras clases, de nuestro colegio o de nuestro hogar.

Una vez que los alumnos caminen entusiasmados hacia el aprendizaje, simplemente debemos acompañarlos. Acompañar sin presionar, sin dirigir, sin recortar ni estirar, teniendo muy claro que nadie puede aprender por nadie. Sabiendo que aprender no va unido necesariamente a que otro te enseñe, pero que sí está íntimamente ligado a que alguien te entusiasme y te motive, es decir, el «maternaje». Así aseguramos el placer por aprender, la realización de conexiones y la vivencia de experiencias no enlatadas. Aseguramos el disfrute interno, el primer motor del aprendizaje.

Hemos llenado las escuelas de tantos objetivos que a veces no nos caben las emociones. En nuestras aulas hay muchos niños que requieren menos contenidos académicos y más mirada y afecto. No nos olvidemos de que el mayor recurso para educar es la afectividad, de que el mejor recurso siempre serás tú.

Al igual que no existe un libro si no hay unos ojos que quieran leerlo, no existe educación si no hay un corazón que lata por aprender.

¡Te animo a generar aprendizaje mediante el «maternaje»!

Tengo un sueño

En ocasiones, cuando observo a mis alumnos trabajar en el aula, sonrío satisfecho, orgulloso, alegre... Imagino lo que serán de mayores. Pero hoy he mirado mi aula con sus pupitres y su pizarra y me he preguntado qué será de ella, de la educación en un futuro. Y he soñado, he soñado despierto. Y, como en todo sueño, la fantasía ha cobrado protagonismo y me ha hecho sonreír ante mi utopía.

Como Martin Luther King, tengo un sueño. He soñado con unas clases sin paredes opacas, sin pupitres fijos, sin disposición ordenada. He soñado con unos materiales vistosos, atractivos, digitales y analógicos y, ¿por qué no?, naturales también. He soñado con clases fuera del aula: en la vida, en la naturaleza, en el tren, en el museo. He soñado con profesores motivados, formados, en constante investigación para la mejora de sus enseñanzas. He soñado con una ley educativa producto de un pacto, en cuya elaboración hayan sido fundamentales las voces de docentes, familias y alumnos. He soñado con un respeto hacia nuestra profesión y con una consideración social de la misma.

Y he abierto los ojos para contemplar mi clase. Sin paredes de cristal, pero abierta; sin mobiliario de diseño, pero flexible; sin excesivos materiales, pero bien usados. Y he visto a compañeros motivados y formados que buscan la mejora de su práctica y que motivan a su alumnado. Y he encontrado a familias que valoran nuestra profesión y nuestra labor.

Así que me he dicho: «No vamos por mal camino, todo se andará». Aunque no hay que olvidarse de que el futuro está empezando ya y todo depende de nosotros. Así que confío en que mi sueño poco a poco se haga realidad en cada aula de nuestro país, en cada uno de nosotros.

Los sueños comienzan a hacerse realidad soñando. Pero con soñar no basta, debemos pasar a la acción y preguntarnos qué podemos hacer para que la educación consiga lo que todos esperamos de ella: crear un mundo mejor.

Podríamos hacer muchas cosas, pero, si nos centráramos en las siguientes, nuestro sueño podría dejar de ser una utopía:

- Caminar juntos. Los pasos que damos como comunidad educativa son pasos de gigante en comparación con los pasos que podemos dar de manera individual.
- Valorar siempre a la persona por encima de los contenidos curriculares, exámenes, programaciones y calificaciones. Procurando en todo momento su desarrollo intelectual, emocional, social, físico y moral.
- Analizar el pasado, presente y futuro de la sociedad para ayudar al alumnado a proyectarse de manera adecuada en ella.
- Comprender que igual o más importante que la memorización es aprender a filtrar, analizar, criticar, asimilar y utilizar la información.
- Tener en cuenta que el aprendizaje puede darse tanto dentro de la escuela como fuera y que debemos potenciarlo.
- No olvidarnos de los elementos básicos de toda renovación metodológica: el interés del alumnado, los contenidos significativos y el fomento de la práctica y la experiencia.

- Eliminar la rigidez en la organización de materias y contenidos, así como acabar con el protagonismo de la evaluación para devolvérselo al aprendizaje.
- Reflexionar sobre el sentido y la cantidad de tareas y deberes.
- Modificar aquellos aspectos que sustentan todo centro educativo: el espacio y el tiempo. Resulta que, mientras nuestro entorno ha cambiado sin cesar, estos dos elementos se mantienen inmóviles desde hace décadas.
- Establecer acciones para que las brechas digitales se reduzcan y los alumnos no se conviertan en meros espectadores y consumidores pasivos de información y productos.

¡Soñemos y actuemos! Porque en la educación se encuentra la solución a los problemas sociales, éticos, políticos y ambientales que padece el mundo.

A los docentes y padres presentes y futuros

Queridos docentes y padres:

Desde el optimismo y desde mi corta experiencia me atrevo a compartir con vosotros unas breves recomendaciones que, si bien no suponen ninguna receta mágica, sí nos pueden servir de ayuda en algunos momentos de nuestra tarea.

Docentes, me imagino que hasta ahora habéis oído hablar mucho de aulas y alumnos en la Facultad de Educación. Dentro de poco aprenderéis que en vuestras clases no hay alumnos, hay voces y miradas, silencios y palabras, preocupaciones e ilusiones, necesidades y sueños.

Padres, madres, nadie nos prepara para esta bonita e importante tarea, pero tenemos en nuestras manos la posibilidad de hacerla de la mejor de las maneras posibles.

Siento no disponer de la lista de ingredientes que necesita todo acto educativo, pero lo que sí sé es lo que no puede faltar en vuestro día a día. Son dieciséis acciones que convertirán el hecho de ser maestro o de ser padre en algo superior y que pueden llegar a cambiar la vida de nuestros alumnos e hijos.

Aquí os las dejo:

1. Obsérvalos: qué les gusta, qué les hace felices, con qué disfrutan.
2. Valora sus esfuerzos y no solamente sus logros.
3. Focaliza tu atención en sus fortalezas y no solo en sus debilidades.
4. No los compares.
5. Educa para que estén abiertos al cambio y para que adopten una actitud exploradora y de superación.
6. Escúchalos de forma activa: qué dicen, cómo lo dicen, qué no dicen y el sentimiento que hay en lo que dicen o callan.
7. Habla de forma positiva y evita el excesivo uso del «no».
8. No te olvides de potenciar su creatividad, imaginación e intuición.
9. Introduce actividades sin evaluación y sin juicio. Deja hacer.
10. Pon metas accesibles, pero que les exijan esforzarse y avanzar.
11. Ten expectativas positivas. Cree en ellos.
12. Existen muchas maneras de ser inteligentes. Respétalas todas y valóralas como se merecen.
13. Considera el error como parte del aprendizaje.
14. Mantén siempre vivo su deseo por descubrir y por aprender.
15. Apasiónate, ríe y disfruta.
16. Sé optimista. El pesimismo te hace perder capacidad transformadora y capacidad creativa.

Encontrar el juguete que llevan dentro

Decía Gabriel García Márquez: «Lo único importante es encontrar el juguete que llevan dentro». Todos tenemos un juguete o varios juguetes en nuestro interior. Juguetes que nos permiten desarrollar nuestros talentos y ser felices. En el caso de Gabriel García Márquez, un profesor le ayudó a encontrar su juguete: las palabras. Palabras con las que jugó y generó sensaciones inolvidables para todos. No se me ocurre mejor manera de abrir el bote de purpurina del optimismo que jugando y dejando jugar libremente a nuestros alumnos e hijos.

Los padres y los docentes somos una especie de jugueteros y tenemos la posibilidad de ayudar a los niños a descubrir sus juguetes. Existen juguetes de todo tipo y, una vez descubiertos, hay que dejarlos jugar con ellos, experimentar, crear... Porque cuando jugamos somos felices, el tiempo se detiene, la creatividad viene a nosotros y, entonces, la innovación es sencilla.

El juego es una excelente herramienta de aprendizaje que aumenta la motivación, potencia la curiosidad y despierta las ganas de saber y de superar retos. Todos sabemos y hemos podido comprobar que un alumno motivado es un alumno que aprende. El aprendizaje se debería concebir desde una perspectiva lúdica y gamificar el proceso de enseñanza, de esta forma nos daría grandes satisfacciones y resultados. Ojo, no estoy hablando de una gamificación centrada en premios y recompensas, hablo de otra cosa muy diferente.

Si nos convertimos en jugueteros y ayudamos a los alumnos a descubrir sus juguetes, conseguiremos que puedan disfrutar de las tres eses que todo proceso educativo debe buscar: Saber, Sentir y Ser.

Pero recuerda que, para convertirnos en jugueteros, primero tenemos que descubrir los juguetes o el gran juguete que habita en nuestro interior. ¿Cuál es el tuyo?

Decálogo para jugar más en la escuela y en el hogar

Antes de centrarme en la importancia del juego, me gustaría compartir una afirmación en la que creo firmemente. Es la siguiente: se aprende con las manos.

Confucio, el pensador chino, dijo la siguiente frase: «Lo que se oye se olvida, lo que se ve se recuerda, lo que se hace se aprende».

Considero que cualquier aprendizaje para que sea significativo debe pasar por tres experiencias:

1. El juego (placer).
2. El estudio (compromiso).
3. El trabajo manual (las competencias).

El trabajo manual es la forma de educar el cuerpo para utilizarlo en todos los sentidos y aprender a vivir en el mundo con responsabilidad. Las manos comunican, crean, descubren, trabajan y juegan.

Los maestros y los padres debemos aprovechar esta oportunidad y permitir que nuestros alumnos aprendan con las manos. El mundo está repleto de incomparables objetos que se ofrecen a la atención y a la actividad infantil. Por el derecho de los niños a usar las manos, a clavar clavos, a serrar madera, a cavar, a modelar barro, a pintar, a hacer nudos...

Para los niños jugar lo abarca todo en su vida: adquisición de experiencias, trabajo, exploración del mundo que los rodea, diversión... A través del juego despiertan cada una de las áreas de su desarrollo y se preparan para la vida futura. Juegan para aprender y como mejor aprenden es jugando.

Jugando con nuestros alumnos podemos divertirnos, enseñarles, educarlos y transmitirles diferentes valores. Es posible jugar de muchas maneras: con el cuerpo, con las palabras, con los números, con objetos, con otros, con la imaginación, con los idiomas, etc.

El juego es un mundo de ilusión y fantasía. ¿Imaginas un sitio mejor para divertirse y aprender? ¡A jugar, maestro! ¡A jugar, padres!

He creado este decálogo para valorar la importancia del juego en el desarrollo integral de cualquier niño y para animar a cualquier persona a jugar.

Decálogo para jugar más en la escuela y en el hogar

1. El juego es un derecho básico e inquebrantable de la infancia.
2. El juego es el primer vehículo con el que los niños comprenden y aprenden a controlar su entorno.
3. El juego es el lenguaje de los niños.
4. El juego los prepara para la vida futura.
5. El juego es vital en el desarrollo social, emocional e intelectual.
6. El juego permite expresar muchas cosas: fantasías, miedos, problemas, deseos, preocupaciones, sueños...
7. El juego nos permite saber cómo piensan, qué es lo que más les gusta, a qué aspiran, cómo se relacionan.
8. El juego nos permite crear un vínculo muy especial con nuestros alumnos. Siempre y cuando, de vez en cuando, juguemos con ellos.
9. El juego canaliza la energía de manera positiva.
10. El juego nos permite aprender y divertirnos a la vez.

Resumiendo, el juego lo es todo.

Escuelas y hogares que abrazan

Un buen docente, un buen padre, quiere a sus alumnos e hijos, se apasiona con lo que hace, se reconoce como aprendiz permanente y está conectado a todos y a todo. ¿Cómo lo consigue?

- Quiere a sus alumnos e hijos: un buen maestro o padre se quiere y se cuida a sí mismo para poder cuidar y prestar la máxima atención a los demás. Es consciente de que educar es algo más emocional que curricular. Por este motivo cree en sus alumnos e hijos y se siente orgulloso de ellos. Los quiere a pesar de los resultados obtenidos en las evaluaciones externas, en los informes PISA, etc. Porque sabe que ahí no están los resultados y las evidencias que a él le interesan. Esos resultados están en la calidad humana de las personas que ha formado y educado. Para él es evidente que la excelencia educativa es hacer buenas personas y no lo que las leyes educativas y algunos políticos venden. Siempre ha sabido que los problemas de los alumnos exceden ampliamente lo curricular y está empeñado en que todos descubran quiénes son y se den cuenta de que merecen la pena.

  Cuando hablo de querer a los alumnos, debes entenderme bien. No hablo de convertirse en una especie de oso amoroso que abraza y suelta «te quiero» a sus alumnos todo el rato, ¡no! Hablo de otro querer, del querer que se merece cualquiera de nuestros alumnos. Se quiere con la mirada, con la palabra, con los gestos, con la cercanía, con el respeto, con la escucha, con la presencia. Así necesitan y han de ser queridos.

- Se apasiona con lo que hace: demuestra esa pasión haciendo, dando más valor al ser que al saber y siguiendo el lema «menos *talk* y más *walk*». Esa pasión lo lleva a crear espacios y experiencias que digan: «Aprender también puede ser placer». Tiene tanta pasión que se atrevería a ser el próximo o la próxima ministra de Educación. Se atrevería porque sabe que la educación es algo tan importante que no puede estar solo en manos de la política.

- Se reconoce como aprendiz permanente: no se forma solo para saber, se forma sobre todo para ser. Sabe que lo que somos llega a nuestros alumnos con tanto ruido que no les deja escuchar lo que decimos. Como más aprende es de y con otros docentes, de y con sus alumnos, de y con las familias. Otro lema que le encanta es: «Hacer nos hace». Se forma para ser el valor o los valores que quiere transmitir. Para convertirse en un experto en hacer aprender, no en enseñar; para convertirse en un experto en calidez, no en calidad; para convertirse en un experto en diseñar y crear experiencias, no en la excelencia.

- Está conectado a todos y a todo: cultiva las relaciones humanas y conecta con la parte más profunda del ser de sus alumnos e hijos. Está cansado de este sistema educativo *exprés*, se ha dado cuenta de que las máquinas no conectan con lo realmente importante. Ha descubierto, en cambio, que conectan las miradas, los abrazos, las sonrisas, la escucha, los gestos. Entonces, es así como conecta, gracias a estos buenos maestros y padres, y empiezan a aparecer escuelas y hogares que abrazan, que escuchan, que miran para ver, que sonríen... Es un maestro o un padre conectado, ¡sí!, y utiliza las TIC al servicio de la pedagogía y no al revés. Un maestro o un padre conectado también sin TIC, conectado con las heridas, con las tristezas, con las alegrías y con los sueños de los demás. Un maestro o un padre que sabe que lo más importante en la educación es su relación personal con sus alumnos y con sus hijos.

Sí, lo sé. Todo lo aquí escrito parece que está bañado en un exceso de optimismo, parece una utopía, pero creer nos acerca a ella o al menos nos hace avanzar y mejorar. He escrito este capítulo pensando en muchos buenos maestros que quieren, que se apasionan, que se reconocen como aprendices y que están conectados a lo realmente importante. Por lo tanto, también sé que es posible.

¿Sesiones de evaluación o de devaluación?

Dime cómo evalúas y te diré algún cómo y algún qué:

- Qué y cómo enseñas.
- Qué y cómo aprenden tus alumnos.
- Qué mañana construyes.
- Qué futuro buscas.

Creo firmemente que la evaluación no solo mide o comprueba lo que nuestros alumnos han aprendido, sino que también enseña por sí misma y enseña mucho más de lo que creemos. Igualmente creo que la evaluación condiciona todo proceso de enseñanza-aprendizaje y que, por ende, también condiciona al alumnado, al profesorado, a las familias y a la escuela. El enfoque evaluativo por el que optemos incidirá directamente en nuestra práctica educativa y en nuestro día a día. Si no cambia la evaluación, no cambia nada, pero, para que esta cambie, debemos modificar el rol del docente y el rol del alumno en todo este proceso.

Por la evaluación debemos empezar si algo queremos cambiar. ¡Empecemos entonces!
Necesitamos encaminarnos, pues:

- Hacia una evaluación optimista, una evaluación que crea en los alumnos, que detecte los errores, pero que también destaque lo aprendido y celebre los éxitos.
- Hacia una evaluación más participativa, transparente y justa.
- Hacia una evaluación que se aleje de los infinitivos etiquetar, comparar, discriminar, condenar, clasificar, asustar, jerarquizar, sancionar y sentenciar para acercarse a los infinitivos aprender, comprender, mejorar, acompañar, reflexionar, rectificar, contrastar, comprobar y motivar.
- Hacia una evaluación que genere aprendizaje en todo momento y que no solo sirva para comprobar lo que han aprendido al final del camino.
- Hacia una evaluación que ayude a avanzar a nuestros alumnos, que les permita evolucionar y que les haga saberse y sentirse acompañados.

Ya lo decía don Quijote: «No hay otro yo en el mundo». En nuestras clases habitan muchos yoes, todos ellos diferentes. Y yo me pregunto y a la vez te pregunto: ¿Es correcto evaluar a ese conjunto de yoes como si fueran un gran y único yo? ¿Es honesto?

Repensemos la evaluación, repensemos el tipo de pruebas que debemos plantear a nuestro alumnado. Repensemos para que el alumno aprenda pasando a la acción, investigando, reflexionando, debatiendo, seleccionando, creando, indagando, responsabilizándose, compartiendo, expresando y tomando decisiones. Repensemos para que aprendan más y mejor; para que lo que hoy hayan aprendido les abra las puertas de futuros aprendizajes y para que estos sean competenciales y transferibles.

Hemos de recordarnos muy a menudo que es evaluación continua, no continua evaluación basada y centrada siempre en pruebas escritas individuales. La evaluación ha de ser concebida como un proceso permanente que se apoye siempre en evidencias de aprendizaje de distinto tipo.

Lo primero que deberíamos plantearnos como docentes es si la prueba o las pruebas de evaluación que vamos a proponer a nuestro alumnado son capaces de generar lo que tienen que generar, algo llamado aprendizaje. Es necesario cambiar la mirada. La evaluación debe generar y afianzar aprendizajes, y mejorar todo proceso de enseñanza. Quizá haya llegado el momento de desnormalizar lo que no es normal: evaluar a todos los alumnos durante casi toda su escolaridad con un mismo tipo de prueba consistente en la memorización (unos días o un día antes del examen) de contenidos sin sentido y sin conexión alguna. Después el docente corrige, devuelve las pruebas y, si hay suerte y tiempo, se revisan los aciertos y los errores para reflexionar sobre los mismos. A todos nos suena, ¿verdad?

Realizar diferentes pruebas de evaluación y darle la posibilidad a nuestro alumnado de optar a ellas no es innovación ni tendencia ni moda alguna, es simplemente una cuestión de ética y de justicia que les permitirá demostrar y expresar de distintas maneras lo que saben a través de diferentes vías y canales, poniendo en juego sus conocimientos, destrezas y habilidades para originar, argumentar y justificar sus aprendizajes.

Quiero que quede claro que no estoy diciendo en ningún momento que este tipo de prueba escrita individual no deba realizarse (bien planteada, es necesaria y útil), pero... ¿siempre siempre siempre la misma manera de evaluar? Es algo que nos tenemos, al menos, que replantear. Tampoco saldrá de mi boca nunca nada en contra de la memorización, en muchas ocasiones y en muchos foros ya he valorado su importancia en el proceso de enseñanza-aprendizaje.

Una buena evaluación no debe medir solo lo aprendido. Debe medir la dedicación, el esfuerzo, la constancia, la capacidad para aprender de los errores cometidos. Una buena evaluación no convierte las sesiones de evaluación en sesiones de devaluación. Una buena evaluación permite al alumno aprender y al docente también. Una buena evaluación tiene claro que los términos «aprobar» y «aprender» están estrechamente correlacionados porque se supone que un alumno aprueba cuando ha aprendido, pero el problema, con el sistema actual, es que nos encontramos con alumnos que aprueban sin haber aprendido. Aprueban simplemente porque han tenido la capacidad y la agilidad de memorizar los conceptos que necesitaban plasmar en la típica y universal prueba de evaluación de la que ya hemos hablado. Pasadas unas semanas, unos meses, es fácil comprobar cómo en sus cabezas ya no queda nada, no ha tenido lugar aprendizaje alguno, pero resulta que han aprobado. Nos encontramos con alumnos que tienen calificaciones muy altas y constatamos que, en muchos casos, no han adquirido ningún aprendizaje, ni mucho menos se ha conseguido que este sea perdurable en el tiempo y significativo para su cotidianidad. Es fácil realizar esta comprobación, ya que en cualquier curso y a cualquier edad gran parte de lo escrito en estas pruebas se olvida a corto plazo. Vemos cómo muchos apenas recuerdan los saberes trabajados y no son capaces de expresar, utilizar, conectar o aplicar lo que se supone que han aprendido a través del conocimiento generado tiempo atrás.

Si evaluamos mucho y cambiamos poco, algo falla, ya que todo proceso evaluativo debe conducir a tomar decisiones de cambio. La evaluación descubre, nos da muchísima información que debemos compartir con los alumnos y con las familias. No podemos robarles el derecho a conocer aquello que la evaluación ha hallado y detectado.

Para terminar, me gustaría simplificar lo aquí escrito y señalar que en todo proceso de evaluación deben tener cabida los elementos que componen lo que he venido a llamar el momento THOR:

- Tiempo.
- Herramientas.

- **O**portunidades.
- **R**etroalimentación.

Cuatro simples elementos que pueden ayudarnos a que nuestros alumnos aprendan de la mejor manera posible y que, en definitiva, pueden ayudarnos a mejorar la educación.

SOLUCIONES

¿Continuamos? Abramos ahora el segundo
bote de purpurina, el bote SOLUCIONES.

Si, al franquear una montaña en la dirección de una
estrella, el viajero se deja absorber demasiado por
los problemas de la escalada, se arriesga a olvidar
cuál es la estrella que lo guía.

ANTOINE DE SAINT-EXUPÉRY

En este momento, y en cualquier otro momento, necesitamos personas que se centren más en buscar soluciones y no tanto en buscar problemas. Si abrimos este bote, cuando surjan dificultades habrá más personas aportando cosas y menos buscando excusas.

La mayoría de los problemas pueden tener solución, pero una excusa nunca será una solución. No nos refugiemos en estas excusas para evitar afrontar los problemas, ya que de esta manera nunca los resolveremos. Está bien localizar los problemas siempre y cuando en nuestros bolsillos tengamos alguna solución para los mismos. Es sencillo, por cada problema deberíamos intentar aportar al menos dos posibles soluciones. Como bien dice mi buen amigo Ramón Barrera: «No acepto quejas sin propuestas».

Existen dos tipos de personas: aquellas que ante un problema buscan culpables y las que ante un problema buscan soluciones. ¡Aquí también tienes que elegir! Aprendemos tarde a huir de esos que son capaces de encontrar increíbles problemas para cualquier fantástica solución. No podemos cruzar un puente hasta llegar a él, ¿verdad? Me gusta imaginarme los problemas como si fueran puentes. Pues bien, no debes preocuparte por un problema hasta que no llegues él o él llegue a ti.

¡Empecemos ya a abrir este bote de purpurina!

La innovación tiene el corazón antiguo

Si no tenemos cuidado, la innovación educativa tal y como hoy se está abordando puede convertirse en un gran problema, por lo que debemos buscar soluciones que nos permitan comprender que la innovación siempre será un largo proceso y no un mero suceso.

Hemos de ser conscientes de que en educación no existen bálsamos de Fierabrás. El bálsamo de Fierabrás es presentado por Cervantes, en boca de don Quijote, como una especie de panacea para cualquier problema de salud; un remedio mágico que todo lo cura.

Las fórmulas pedagógicas mágicas, las llaves educativas secretas y las soluciones metodológicas salvadoras no existen ni podrán existir nunca en educación. Me atrevo a hacer esta afirmación por la propia naturaleza inherente a toda realidad educativa. Como maestro con los pies en el aula y como padre, soy consciente de que esta realidad alberga y entraña unas necesidades que deben ser tenidas en cuenta en todo momento. Son muchos los aspectos que (nos) influyen y que, como educadores, no podemos obviar: el contexto, los recursos, la situación económica, la ratio, el nivel cultural, etc. Este hecho hace que lo que puede funcionar en un centro educativo o en un hogar en otro no tenga ningún sentido; incluso que aquello que te puede funcionar en un aula no lo haga en otra del mismo colegio, o que aquello que te ha funcionado con tu primer hijo no funcione igual con los siguientes. ¿Te suena esto?

Siento una cada vez mayor preocupación al ver cómo se están implementando y experimentando (quizá demasiado) con algunas tendencias pedagógicas que se han puesto de moda y que tienen poca o ninguna base científica. Tendencias con más brillo publicitario que pedagógico; tendencias que deslumbran, pero que no alumbran. Tendencias que tienden hacia donde nunca debería tender la educación; tendencias malentendidas; tendencias tendenciosas de las que hablaré más adelante.

Claro que hay que mostrarse receptivo a las innovaciones educativas que puedan surgir, pero siempre realizando una crítica con criterio; una crítica que nos permita diferenciar el grano de la paja, lo importante de lo accesorio, la verdadera innovación de la posible mercantilización.

Últimamente se habla, y mucho, de la necesidad de innovar en educación, de la necesidad de introducir cambios y de la necesidad de modificar o cambiar el rumbo. Estoy de acuerdo con estas necesidades, pero difiero en las formas con las que, en muchas ocasiones, intentamos innovar, cambiar o dar la vuelta a todo. Existen muchas definiciones de innovar, tantas que creo que al final su verdadera esencia se difumina por el camino. No nos podemos olvidar de una premisa básica que toda innovación debería cumplir:

Para innovar debemos dialogar con la tradición, no entrar en guerra con ella.

Es necesario que nos convirtamos en científicos capaces de descubrir y poner en valor las buenas prácticas que ya están en el ADN de la educación.

No podemos decir que todo lo realizado hasta ahora no ha servido para nada porque estaríamos faltando al respeto a muchas personas y porque, simple y llanamente, es lo que nos ha llevado hasta donde estamos. Tampoco nos podemos olvidar de que detrás de la concepción de escuela democrática de la que nos nutrimos está un tal John Dewey y de que detrás de muchos de los inventos pedagógicos de última moda están personas como Célestin Freinet, Maria Montessori, Rosa y Carolina Agazzi, Paulo Freire, Ovide Decroly y un largo etcétera.

El hoy siempre suele ser consecuencia del ayer, por lo tanto, si queremos innovar, al pasado debemos mirar.

La innovación tiene el corazón antiguo. Solo tenemos que activarlo. Todo lo que hoy en día se considera innovación o posible innovación se fundamenta en una larga experiencia y en unas profundas raíces que han buscado desde la antigüedad una educación transformadora. El problema ha sido que nuestros sistemas educativos han marginado de manera sistemática estos principios.

Hace unos años visité la biblioteca del pueblo donde me crie, Toreno, situado en la comarca de El Bierzo. Allí me encontré con este libro: *La nueva pedagogía*. Fue publicado en 1973 (Salvat - María Luisa Fabra), y nadie lo había vuelto a sacar de la estantería desde 1978. Me llamó la atención y me lo llevé a casa el 5 de septiembre de 2015. Inició la lectura esperando encontrar en sus páginas un planteamiento rígido y cerrado (me gusta leer otros puntos de vista, aunque no los comparta), pero me llevé una grata sorpresa. Aquí te dejo a modo de síntesis 33 frases extraídas de ese libro, 33 frases que deberían estar presentes en todas las facultades de educación y en todos los centros educativos del mundo. Seguro que te suenan. No dejes de leer ninguna y piensa en el año en el que fueron escritas, ¡te van a sorprender!

Treinta y tres frases de corazón antiguo para innovar:

1. Para los problemas pedagógicos no existen soluciones absolutas.
2. La educación es uno de los aspectos donde el ser humano se muestra más conservador.
3. Se necesitan valor y decisión para romper con las estructuras actuales, con las costumbres adquiridas durante la infancia y oponerse a toda una corriente pedagógica.
4. La educación debe ser el esfuerzo constante de adaptación al mundo moderno, a las nuevas necesidades de la sociedad y a las nuevas posibilidades de los niños; la educación tiene que transformarse continuamente.

5. Hay que interesar al niño en su propia educación, haciéndole coautor de esta.

6. La nueva educación tiene que ser fundamentalmente humana y proporcionar a cada niño la posibilidad de desarrollo total.

7. Tenemos que despertar el libre interés del niño por aprender.

8. La educación tradicional está centrada en los intereses de la sociedad adulta, incita a los niños a la pasividad, a la obediencia ciega y a la sumisión, les forma para competir entre sí, trata de transmitirles una cultura caduca y una ideología dogmática.

9. La educación nueva debe reducir el papel del maestro a facilitador de los procesos de aprendizaje y partir, no de programas rígidos, sino de los intereses manifestados libremente por los niños, teniendo como ideal fomentar la creatividad, el sentido crítico, la sociabilidad y la cooperación dentro de una sociedad democrática.

10. El niño debe participar de modo activo en la misma enseñanza.

11. El aprendizaje deber ser significativo para el educando, pero ello supone un problema muy hondo, porque lleva a los pedagogos a dudar del interés que algunas de las disciplinas enseñadas puedan tener para los alumnos, de la necesidad de unos horarios rígidos y del sentido de un aprendizaje dividido artificialmente según unos programas en los que no han intervenido directamente ni educandos ni educadores, etc.

12. La educación nueva busca la liberación del individuo, la búsqueda de la felicidad y la alegría del momento presente. También la exaltación de la naturaleza, de la actividad creadora y de la comunicación.

13. Estamos obligados a conocer profundamente al niño, creando un clima apropiado para que sus intereses

puedan manifestarse. La pedagogía nueva se basa sobre todo en los intereses de los alumnos.

14. Para el educador nuevo, su misión no se limita a comprobar actitudes, sino que debe estimularlas en cada niño.

15. La aplicación de los medios audiovisuales a la enseñanza ofrece grandes posibilidades, pero presenta el peligro de transformar al niño en un espectador pasivo.

16. Los intereses de los alumnos son el punto de partida de un aprendizaje.

17. Los niños tienen una gran capacidad para interesarse por el mundo que los rodea, y la escuela debe intentar potenciar al máximo esta disposición.

18. Por lo tanto, educar no ha de ser «enseñar», sino «aprender», en cuanto que el aprendizaje no puede realizarse más que cuando el alumno manifiesta el deseo de aprender. De ahí que el proceso ha de partir del alumno.

19. Pretender enseñar a quien no tiene interés y percibe los contenidos que se le intentan impartir como extraños a su propia experiencia carece de utilidad y sentido.

20. La transmisión de conocimientos tiene escasa importancia si la comparamos con el desarrollo de la persona, la toma de conciencia de uno mismo y la posibilidad de aceptación de una vida plena.

21. No abogamos por la supresión de profesores, sino solamente de estos como meros impartidores de conocimientos no solicitados por los alumnos.

22. El profesor debe centrar la enseñanza en los intereses de los alumnos y desempeñar el papel de consejero técnico a su servicio.

23. La educación consiste en hacer autónomos, independientes y creativos a los miembros del grupo.

24. Es fundamental que el maestro renuncie a su función de representante del poder y que adopte un papel parecido al del monitor del *training group*.

25. La educación tiene que formar a personas realistas y activas que, integrándose en la sociedad, sean capaces de transformarla eficazmente.

26. Tanto el contacto con la naturaleza como el juego o la discusión de distintos temas en común poseen gran eficacia educativa.

27. La sociedad debería establecer unos canales a través de los cuales la gente pudiera ponerse en contacto y garantizar la existencia de un material educativo al alcance de todos.

28. Para algunos pedagogos los medios audiovisuales, laboratorios, etc., deben hallarse a disposición del público de forma que cada cual los utilice para su formación en el momento que crea más oportuno.

29. Debería proporcionarse a cada recién nacido un capital para educarse que pudiera utilizar libremente a lo largo de su vida.

30. Es de destacar la importancia de la tecnología para la educación. En la actualidad, la tecnología es más bien un obstáculo para la liberación del hombre, pero adecuadamente utilizada podría ser todo lo contrario.

31. Mientras el saber sea un producto, será protegido como la propiedad privada, pero cuando se convierta en un derecho del que gocen por igual todos los seres humanos, la tecnología será un útil decisivo para el progreso y la felicidad de los hombres.

32. En un futuro más o menos próximo, la sociedad del ocio requerirá individuos previamente educados para el uso adecuado y consciente del tiempo libre.

33. La escuela debe desarrollar todas las facultades del niño y dotarle de sentido crítico frente al mundo que le rodea.

Sorprendente, ¿verdad? Aunque muchas de estas afirmaciones podrían ser matizadas, son plenamente actuales.

**No nos olvidemos: la innovación empieza
en el corazón de las personas.**

**Innovemos, sí, pero siempre teniendo en cuenta
el pasado y aprovechando el presente
para avanzar hacia el futuro.**

Respecto a la ya citada innovación educativa, hay varias cuestiones e interrogantes que día a día me planteo y que me gustaría compartir contigo. Intentaré responderlas en los siguientes tres apartados.

¡Vamos a ello!

Una clase no es mejor por la tecnología que utilicemos, es mejor por el aprendizaje que en nuestros alumnos generemos

Interrogante 1. ¿Podemos decir que adaptarnos a la sociedad de hoy en día es realmente innovar?

Al fin y al cabo, es lo que estamos diciendo. O simplemente será lo que tenemos que hacer. Por ejemplo, como estamos en una sociedad cada vez más tecnológica sustituimos los libros de texto por tabletas y ordenadores, y decimos que estamos innovando, cuando no es así. A veces, muchas veces, lo único que cambia es la expresión «abrimos el libro» por la de «abrimos el Chromebook» o «encendemos la tableta». Nos limitamos, en muchas ocasiones, a reproducir una metodología que solemos denominar «tradicional» en un soporte y en un formato digitales. Innovar no es cambiar por cambiar para que todo siga igual.

En educación hay que estar ojo avizor porque la tecnología puede disfrazar de innovación cosas que no lo son. Además, hemos de ser plenamente conscientes de que, en el ámbito educativo, la tecnología ha de servir siempre para aprender, nunca para distraer.

Continuando y hablando de tecnología...

Un docente, una lección o una clase no son mejores por la tecnología que se utilice, son mejores por el aprendizaje que se genere en los alumnos.

Padre, madre, si utilizas la tableta para calmar a tus hijos o hijas, no esperes que, cuando crezcan, la suelten cuando les vayas a hablar.

Volvamos a lo de adaptarnos a la sociedad de hoy en día. ¿No será este uno de los principios teóricos comunes que debe estar presente en educación? El funcionalismo, que quiere decir que cuando existe una necesidad, un interés vital, debemos hacer todo lo posible y crear las técnicas adecuadas para satisfacerlo. Así es como el protagonista de *Emilio* de Rousseau aprende a leer porque quiere conocer el contenido de las cartas que recibe. ¿Y no será esto lo que tenemos que conseguir? Hacer que nuestros alumnos quieran descubrir y deseen conocer.

Expertos en leer miradas. ¡Innovar no es saturar!

Interrogante 2. ¿Qué podemos hacer para convertirnos en científicos?

Tenemos que empezar rescatando del pasado aquellos métodos y buenas prácticas positivas y enriquecedoras para el alumnado, el profesorado y las familias: trabajo por proyectos, centros de interés, aprendizaje cooperativo, aprendizaje servicio, comunidades de aprendizaje, vinculación con el entorno, trabajo por rincones, talleres prácticos y manipulativos...

Son prácticas antiguas que hoy consideramos innovación. Están muy bien, pero realmente... ¿podemos decir que trabajar por proyectos es innovar?

Estas prácticas pueden ser muy interesantes y útiles hoy en día, pero siempre teniendo en cuenta que innovar no es saturar, y creo que en estos momentos estamos saturando la educación de metodologías, de materiales y de aparatos tecnológicos que dejan poco espacio. Poco espacio para la creatividad, poco espacio para crear los vínculos emocionales necesarios para potenciar el aprendizaje y sacar a la luz las cualidades y los talentos de cada uno de nuestros alumnos, y poco espacio para mirar a los ojos.

Aquí debo pararme debido a la importancia de ese «mirar a los ojos». Cuando lo que un alumno nos tiene que decir le rebasa el alma, la boca se calla y los ojos hablan. Cuando por la mañana saludo a un alumno dándole una pequeña y suave palmada en el brazo y él retira el brazo con cara de dolor, con la boca no me va a decir que su padre lo está maltratando, pero con los ojos, sí. Cuando una alumna viene del patio llorando y se va al baño a continuar llorando, con la boca no me va a decir que está siendo víctima de *bullying,* pero con los ojos, sí. Cuando otra alumna llega a clase por la mañana sin asear, siempre con la misma ropa, sin merienda y con hambre, con la boca no me va a decir que han desahuciado a su familia y que llevan unos días viviendo en una furgoneta, pero con los ojos, sí.

Antes de enseñar
lo que sea a quien sea,
al menos, has de conocerlo,
al menos, has de escucharlo,
al menos, has de mirarlo.

Por ello, debemos convertirnos en expertos en leer miradas, y cuanto menos habla un niño, más debemos escucharlo. El silencio de sus miradas nos puede decir mucho y, a veces, por falta de tiempo debido a la excesiva burocracia o a otros factores, no miramos a unos ojos que nos están hablando y pidiendo auxilio. Los niños hablan, sobre todo cuando no hablan. Las mejores pautas para educar e innovar están en los ojos de nuestros alumnos. Las cosas importantes de la vida deben hacerse siempre mirando a los ojos, y no se me viene a la cabeza nada más importante que el verbo «educar». Además, los ojos nunca mienten y siempre son el espejo del alma; en ellos se hallan todas aquellas verdades que la boca calla.

Hoy en día, aprender idiomas es fundamental, pero seguimos sin darnos cuenta de que el idioma de las miradas es el idioma más importante, necesario y vital.

La saturación normalmente genera un bloqueo emocional, y un alumno, un maestro, una madre o un padre emocionalmente bloqueado también lo está intelectualmente. Yo, en ocasiones, siento ese bloqueo.

He llegado a un punto en el que ya no sé lo que es innovar. Recuerda lo dicho: innovar no es saturar, no es adornar, no es ornamentación, no es maquillar... ¡Y estamos saturando! Introducimos muchas cosas en las escuelas, sin sacar o dejar de hacer muchas de las que ya hay dentro de ella. Esto genera agobio, estrés, y que nos colapsemos. ¿Es necesario tanto? La educación es muy simple (que no fácil), pero insistimos en hacerla complicada llenándola de demasiados *fuegos artificiales* y abarrotándola con mucha *pirotecnia metodológica y tecnológica*, de la que hablaremos detenidamente más adelante. Estamos persiguiendo la innovación con tal apresuramiento que la dejamos atrás precipitadamente.

Ni lo nuevo siempre es bueno ni lo antiguo siempre es malo

Interrogante 3. ¿Lo nuevo siempre es bueno y lo antiguo siempre es malo?

No podemos caer en el error de interesarnos siempre más por lo nuevo que por lo bueno. Si lo nuevo es bueno…, ¡claro que sí! Pero ¿y si no lo es? ¿Debemos confiar en cualquier mensaje pedagógico venga de donde venga? ¿Debemos poner el foco en las herramientas y metodologías que son tendencia o debemos preocuparnos por tener un buen fondo de armario en el que alguna o algunas de estas tendencias puedan tener cabida de acuerdo con nuestro contexto, con la situación de nuestras familias, etc.?

Hay muchas herramientas, estrategias, metodologías y materiales considerados *tradicionales* que deberían seguir en nuestras aulas y hogares por su demostrada eficacia y valía. Y hay muchas herramientas, estrategias, metodologías y materiales considerados *innovadores* que no deberían estar en ellas por su falta de eficacia y por su incapacidad para generar aprendizaje. Se trata normalmente de modas y tendencias que nada aportan y que incluso pueden llegar a ser contraproducentes para la consecución de los objetivos que perseguimos como educadores.

Adela Cortina dijo una vez: «No se construye una sociedad más justa con ciudadanos mediocres». En esta frase se encuentran la esencia y la finalidad que debe perseguir toda innovación educativa: educar personas competentes y creativas, capaces de poner sus conocimientos y habilidades al servicio de los demás para resolver aquellos problemas que nosotros no hemos sabido resolver en épocas pasadas. ¡Casi nada!

¿Leyes educativas o *vendettas* electorales?

Si algo tengo claro es que los que tienen que empezar a innovar en educación son algunos políticos y algunas administraciones. La mayoría de los docentes y de las familias llevan mucho tiempo innovando, incluso por encima de sus posibilidades. En nuestro país y en otros tantos no existen leyes educativas, sino *vendettas* electorales que nos conducen irremediablemente a un baile de leyes educativas que no hace bien a nadie, y menos a nuestros alumnos e hijos. Por decirlo de manera educada, es una auténtica vergüenza, un despropósito sin igual.

¿Cómo pueden los políticos y las administraciones innovar en educación?

Realizando algunas acciones que no deberíamos llamar innovación, ya que deberían ser norma o regla natural, pero que, como no lo son, aquí te las dejo:

- Facilitar a los centros educativos los recursos y las condiciones óptimas para poder realizar su trabajo y para intentar alcanzar cambios significativos. Sin esa base, es imposible que cambie la foto.
- Reducir la ratio (número de alumnos por aula) y aumentar el número de docentes. Es factible, es posible. Si en todas las leyes educativas figura que nuestra educación debe ser personalizada, también debería figurar que nuestra ratio será bajada. Lo contrario es contradictorio, un sinsentido que frena la evolución de cualquier sistema educativo.
- Facilitar los recursos tecnológicos y no tecnológicos necesarios, no para educar para el futuro, sino para educar

para el presente, en el aquí y en el ahora. No necesitamos tantas aulas del futuro para unos pocos, sería suficiente con más aulas del presente para todos, bien dotadas y con las dimensiones adecuadas.

- No tratar la educación como mercancía política, sino como lo que es: un tesoro que debe ser bien cuidado y respetado.
- Preocuparse por el bienestar de los docentes, sabiendo que este repercute directamente en las familias y en los alumnos.
- Cuidar y proteger la imagen social del profesorado.
- Dar mayor autonomía y flexibilidad a los centros educativos.
- Aumentar el número de profesores de apoyo.
- Ofrecer más ayudas y preocuparse por todas aquellas familias que tienen dificultades para alimentar, vestir y comprar el material escolar a sus hijos.
- Aumentar el presupuesto destinado a educación y aprobarlo en tiempo y en forma.
- Sustituir rápidamente las bajas.
- Mejorar el acceso a la función docente y velar por que sea siempre el mejor posible.
- Cuidar las infraestructuras y crear nuevos centros educativos teniendo en cuenta el lugar en el que están ubicados y las necesidades actuales.
- No permitir que la educación se convierta en una mesa de negocios donde algunos sacan tajada.
- Escuchar de verdad a los docentes, a las familias y a los alumnos. Es increíble que la voz de los mayores precursores de la educación no sea tenida en cuenta. Desde hace ya bastante tiempo, llevo compartiendo con diferentes cargos educativos y con algún que otro consejero de Educación el nombre de una ley de educación que mejoraría bastante las cosas, la LOERECE (Ley Orgánica

de Educación que Realmente Escuche a la Comunidad Educativa).

- Implementar medidas que favorezcan una verdadera conciliación familiar, sabiendo que toda propuesta en esta línea debe tener como base que dicha conciliación no consiste en que nuestros hijos pasen más horas en el colegio, sino en que tengan más tiempo de calidad para estar con sus familias en casa, en el parque o donde quieran estar.

Políticos, administraciones, ¡a innovar! Por estas 16 sugerencias podéis empezar.

¿Qué es un docente innovador y cómo se comporta?

Ante este mar de dudas sobre qué es y qué no es innovación, voy a describir a muchos docentes que realmente considero innovadores. Son docentes que no necesitan utilizar la pirotecnia, ni tampoco adornar su día a día en el aula. Son docentes innovadores en esencia, no innovadores de ocasión. Tengo la suerte de conocer a muchos: Gaëlle, Cape, Pilar, Alberto, Elena, Julio, Amparo, Judith, Ana, Susi, Diana, Rosa, Marta, Natalia, Carlos, Álvaro, Montoya, Chema, Elena, Lucía, tú...

Para mí un docente innovador es...

... aquel que sabe que su tarea principal es ayudar a sus alumnos a aprender a ser lo que son capaces de ser. Ni más ni menos. Para ello, debemos observar atentamente a cada alumno, sus movimientos, sus inquietudes, sus intereses, aquello que busca de modo inconsciente, sus inclinaciones espontáneas, hacia dónde proyecta sus esfuerzos.

... aquel que sabe que sus alumnos no son receptáculos que puede llenar con conocimientos estériles, elementos nocivos o leyendas urbanas.

... aquel que es consciente de lo que no sabe y consigue que sus alumnos también lo sean, ya que solo la experiencia de la carencia nos mueve a satisfacer el deseo de aprender y de conocer. Si alguien piensa que lo sabe todo y que no necesita más, no se va a mover ni a esforzar por aprender. Ser consciente de nuestros límites del saber nos impulsa a la búsqueda del conocimiento. Mostrémosles que el saber está ahí esperando para todos.

... aquel que se esfuerza todos los días por dar lo mejor de sí mismo a sus alumnos, a sus compañeros y a sus familias.

... aquel que con gestos muy pequeños es capaz de hacer sentir muy grandes a sus alumnos.

... aquel que no solo enseña a leer a sus alumnos, sino que aprende a leerlos y les enseña a leerse.

... aquel que tiene claro que es tan necesario impartir o transmitir conocimientos a los alumnos como mostrarles dónde encontrarlos, cómo adquirirlos por sí mismos y cómo habituarse a sacarlos a la luz.

... aquel que comprende la importancia de dominar aquellas materias que imparte y que sabe que el conocimiento siempre será un gran tesoro que debemos cuidar y compartir de la mejor manera posible.

... aquel que día a día intenta *ser mejor* y que no busca *ser el mejor*.

... aquel que impulsa la autonomía de sus alumnos evitando que se acostumbren a esperar que les digan lo que tienen que hacer y enseñándoles a actuar con iniciativa y a no perder la ocasión de hacer sus propias elecciones sin sentir miedo o inseguridad.

... aquel que sabe filtrar y huir de las metodologías y herramientas que son tendencia, eligiendo solo aquellas que realmente sean útiles y que se adaptan a su contexto.

... aquel que ayuda y colabora con compañeros y familias.

... aquel que aprende de las críticas constructivas y que es capaz de reconocer y de sacar provecho de los errores.

... aquel que entiende que no todos los compañeros tienen que educar o ver la educación como él la ve.

... aquel que sabe que la innovación y que los cambios significativos requieren tiempo. En educación hay que saber aguardar, esperar y tener calma. Muchas ideas y proyectos no llegan a tener éxito por culpa de actuar de forma precipitada.

... aquel que escucha, que respeta y que aprende de todos y de todo.

Creo en esa innovación que ayuda a nuestros alumnos a crecer, a aprender de verdad, a vencer sus barreras, a elegir, a ser partícipes y a seguir su camino.

¡Te animo a ser innovador en esencia!

Fabricando cestos sin disponer de los mimbres necesarios

Cuando llega el final del curso, siempre me vienen a la cabeza un gran número de compañeros y de compañeras de mi colegio y de otros centros educativos y un gran número de familias que se han pasado el año fabricando cestos sin tener los mimbres necesarios para ello.

Son docentes y familias que, a pesar de las adversidades, hacen que nuestro sistema educativo funcione.

Son docentes y familias que con su trabajo, su dedicación y su esfuerzo salvan lo que algunos políticos y lo que algunas administraciones parecen querer destruir o, al menos, no querer mejorar.

Son docentes y familias que saben lo que tienen entre manos y que cuidan su trabajo desde el primer hasta el último día de clase.

Son docentes y familias que terminan cansados, extenuados, presionados y con ganas de desconectar porque lo necesitan para empezar un nuevo curso.

Son docentes y familias a los que nadie debería tocar, ningunear o despreciar.

Son docentes y familias que deben ser cuidados, y no me refiero a proporcionarles grandes lujos, simplemente hablo de darles lo que les corresponde.

Son docentes y familias que sin tener los recursos y los ingredientes necesarios hacen latir el corazón de nuestro sistema educativo.

Todos ellos hacen muchos cestos a lo largo del año sin tener los mimbres necesarios para dicha tarea. Aquí tienes cinco cestos:

1. **Cesto «Cafetera»**: a pesar de las ratios elevadas de todas las etapas educativas, los docentes son capaces de fabricar el cesto «Cafetera», un cesto que huye del «café

para todos» y que permite servir a cada alumno el tipo de café que necesita en cada momento.

- Mimbres que faltan: ratios adecuadas, aumento del número de docentes y sustitución rápida de las bajas.

2. **Cesto «MacGiver»**: en los centros educativos hacen falta muchos recursos, y no solo recursos tecnológicos.

A pesar de ello, los docentes fabrican el cesto «MacGiver», un cesto que les permite optimizar los pocos recursos que tienen, crearlos desde la nada o hacer todo lo posible para conseguirlos.

- Mimbres que faltan: mayor inversión económica en educación.

3. **Cesto «Papelitos»**: los docentes deben rellenar un número excesivo de papeles repetitivos e inútiles, la carga burocrática a la que están sometidos es un sinsentido.

Aun así, fabrican el cesto «Papelitos», con él son capaces de rellenar todo lo que la administración solicita sin dejar de hacer las cosas realmente útiles y necesarias: preparar las clases, investigar, hablar con sus compañeros, atender a las familias, ayudar a cada alumno en aquello que necesite, etc.

- Mimbres que faltan: disminuir la burocracia del sistema educativo y proporcionar sistemas más eficaces para la recogida de datos.

4. **Cesto «MotívateTú»**: todos los docentes han perdido las condiciones laborales que tenían antes de la crisis del año 2008 que ha padecido este país y otros tantos. Unas condiciones que, hoy en día, no han recuperado. A esto hay que añadirle la falta de protección que tiene la figura

docente y, muchas veces, el desprestigio que soporta de determinados sectores. De todas maneras, fabrican el cesto «MotívateTú», un cesto que les permite revertir la situación y que hace que la motivación intrínseca de cada maestro y de cada maestra, a pesar de todo, aumente ante estas adversidades.

- Mimbres que faltan: dar a los docentes las condiciones laborales a las que tienen derecho. Prestigiar su trabajo e importancia en la sociedad.

5. **Cesto «DemoQué»:** muchos centros educativos no tienen la democracia, la libertad y la flexibilidad de acción que se les presupone. Los docentes que trabajan en estos centros fabrican el cesto «DemoQué», un cesto que a pesar de lo que están viviendo les permite que la democracia sí llegue a sus clases y a sus aulas.

- Mimbres que faltan: dar mayor autonomía a todos los centros educativos.

A ti, docente, disfruta de tus vacaciones cuando lleguen, desconecta, lo necesitas para volver al aula a seguir fabricando cestos.

A ti, docente, que día a día te esfuerzas por mejorar el sistema educativo y que consigues adaptarte a las necesidades de tus alumnos, de tus compañeros y de tus familias.

A ti, docente, que a pesar de tener motivos para decir «no puedo», te empeñas en decir «sí puedo».

No digas «no puedo» ni en broma. Porque el inconsciente no tiene sentido del humor, lo tomará en serio y te lo recordará cada vez que lo intentes.

FACUNDO CABRAL

A ti, docente, que tienes la asombrosa capacidad de minimizar lo negativo y de magnificar lo positivo.

A ti docente, ¡gracias!

Y a ti, Gaëlle Vargas Le Men, mi mujer, también docente, por ser una maestra ejemplar que da más de lo que tiene a todas sus familias, alumnos y compañeros.

Para educar es preciso aprender a descartar y huir de la pirotecnia TPM (tecnológica, pedagógica y metodológica)

En el ámbito educativo, vivimos inmersos en una gran pirotecnia llamada TPM (tecnológica, pedagógica y metodológica). Esta pirotecnia deslumbra mucho, pero no alumbra nada. Día a día, curso tras curso, como ya dije, saturamos nuestras aulas y nuestros hogares de demasiados experimentos y cachivaches, haciendo que este abarrotamiento nos lleve por derroteros confusos que nada o poco tienen que ver con la educación.

Creo firmemente que más vale poco para aplicar y saborear que mucho para adornar y maquillar. La verdad es que, al final, tanto en educación como en la vida, más importante que elegir es saber deshacerse de lo que sobra. Por todo ello, bajo mi punto de vista, para educar es preciso aprender a descartar:

- Descartar lo accesorio para centrarse en lo importante.
- Descartar el ruido para volver a escuchar y a afinar el oído.
- Descartar la posible mercantilización disfrazada de bella innovación.
- Descartar la polarización que genera conflictos baldíos que logran distanciarnos.
- Descartar todo aquello que poco aporta y que mucho estorba.
- Descartar para disponer del tiempo necesario que se requiere para conjugar los verbos «aprender» y «enseñar».

- Descartar para que antes de dar clase, podamos conocer a quienes hay en nuestras clases.
- Descartar para habilitar más espacios y momentos para lo verdaderamente importante: tus clases, tus alumnos, tú...
- Descartar para hacer más corto el camino entre el «decir-programar» y el «hacer-enseñar».
- Descartar para que, en nuestro intento de enseñar, nunca matemos su deseo de aprender.
- Descartar para que aprobar sea siempre sinónimo de aprender y también al revés.
- Descartar para detectar aquello que la tecnología disfraza de innovación sin serlo.
- Descartar para poder llegar allí donde cada uno sea capaz de llegar.
- Descartar para, al menos, intentar acertar.
- Descartar para educar.

Estamos empeñados en tener todo de todo para enseñar y para educar, sin darnos cuenta de que con apenas nada podemos hacerlo de la manera más bella, significativa y acertada.

Así que ¡descarta!

Educar en versión beta

Antes de nada, por si no estás familiarizado con el término «versión beta», hay que decir que se refiere a una de las fases de desarrollo de un *software* que significa «de prueba» y que permite mejorar a partir de la detección de errores. Esta versión sirve para prevenir, solucionar y minimizar futuros problemas.

Día tras día, mis alumnos, mis hijas, mis compañeros y las familias me muestran los límites de mi acción educativa. Hacen que me enfrente a determinados problemas difíciles de desentrañar porque para hacerlo necesito saber mucho más. Es aquí cuando me doy cuenta de mi monumental ignorancia, pero, a la vez, darme cuenta de ello me espolea para seguir leyendo, estudiando, investigando, compartiendo, preguntando, reflexionando, aprendiendo y buscando.

No hay tarea más incierta que educar. Eso genera en nosotros una gran inseguridad. Por ese motivo los docentes y los padres hemos de reconocernos como aprendices permanentes de esas personas que tanto pueden enseñarnos: niños, compañeros y familias. Es impensable evolucionar en educación sin un aprendizaje continuo.

Me gusta estar en versión beta y así estaré siempre. Es necesario cuidar mucho nuestra formación porque trabajamos con los mayores innovadores del mundo: los niños. Muchos de los maestros que conozco se hallan en versión beta, tienen un deseo ferviente de aprender y extraen de cada vivencia y de cada error una valiosa lección que puede ser compartida. Aprender da sentido a nuestras vidas. La mejor inversión que podemos hacer los docentes es en conocimiento.

Ahora bien, no todo vale. Veo las formaciones (sean del tipo y del nivel que sean) como semillas. Lo importante no es plantar muchas («titulitis»), sino plantar aquellas que al final se convertirán en árbol. Por lo tanto, es vital seleccionar bien las formaciones en las que vamos a participar. En cuanto a la formación de las familias y del profesorado, más vale poco y bueno que mucho y regular o malo.

Para mí una buena formación debe cumplir alguno de estos requisitos:

- Estar centrada más en las posibilidades y menos en los obstáculos.
- Permitir ir en barco y a la vez disfrutar del mar.
- Dar la posibilidad de pasar a la acción, porque ahí está la magia, en dar el primer paso.
- Dar información para ser empleada, no para ser almacenada.

- Sacarnos del camino de siempre para conseguir más que nunca.
- Facilitar los recursos necesarios para encontrar soluciones, para descubrir otras rutas, etc.
- Provocar respuestas.
- Llevar a hacer menos mucho mejor, no a hacer más mucho peor.
- Animar a buscar utopías.
- Alentar a remar y apoyar al que rema. Y no a no remar y a criticar.
- Permitir mejorar lo que se hace mal y explotar lo que se hace bien.
- Permitir anticiparse a la llegada de los problemas para empequeñecerlos.
- Centrarse en la semilla y no en la manzana. Centrándonos en la manzana, podemos comer una manzana; en cambio, centrándonos en la semilla, podemos comer muchas manzanas.

¿Quién es el maestro? Los maestros somos alumnos de nuestros alumnos, de nuestros compañeros, de las familias, de lo desconocido y de la vida. Sinceramente, creo que no existe mejor formación docente que aquella que día a día nos dan nuestros propios compañeros. ¡Ojos y orejas bien abiertas para aprender!

Trabajamos juntos para descubrir el mundo y nos convertimos en maestros al mismo tiempo que aprendemos. Estoy convencido de que el conocimiento se genera en red, por lo que nuestras aulas tienen que convertirse en un espacio de encuentro y de intercambio donde todos aprendamos. Todos los docentes deberíamos entrar en el aula con el convencimiento absoluto de que vamos a aprender de nuestros alumnos más de lo que nosotros les podamos enseñar. El aprendizaje entre alumnos y profesores es (o debería ser) recíproco y la edad es un factor irrelevante tanto para enseñar como para aprender.

Siempre que entro en clase veo a mis alumnos como esa lluvia fresca de verano, ese chirimiri tan agradable que deja olor a tierra mojada cuando cesa. Ante esa lluvia tan refrescante no se nos ocurre cubrirnos con impermeable. Lo mejor es ponerse un chubasquero especial y permeable que nos permita disfrutar, empaparnos y nutrirnos de cada gota de agua. Los alumnos son nuestros grandes maestros.

Esas gotas de agua representan todo aquello que nos pueden enseñar: a ver el lado sencillo de la vida, a perdonar, a soñar, a divertirse, a jugar, a hacer amigos, a ser creativos o innovadores, a sonreír, a confiar en los demás, a explorar, a asombrarse, a pedir ayuda, a atreverse, a tener pensamientos esperanzadores, a extender el límite de lo posible, a pasar a la acción, a no rendirse, a perseguir sueños, a hacer castillos en el aire, a intentarlo de nuevo tantas veces como sea necesario, a desplegar las alas, a no tener miedo, a convertirnos en esponjas absorbentes dispuestas a aprender.

Así que, para mejorar, para aprender, para enseñar, para innovar y para educar, ¡hay que mojarse!

¡A disfrutar de la llovizna con nuestro chubasquero permeable! ¡A educar en versión beta!

El sendero hacia sus anhelos

—Acercaos al precipicio —les dijo—. No podemos, tenemos miedo —contestaron.
—Acercaos al precipicio —repitió. Se acercaron. Él los empujó... y empezaron a volar.

GUILLAUME APOLLINAIRE

Me gusta imaginarme a los docentes como electricistas que ayudan a sus alumnos e hijos a poner bombillas en el camino hacia sus sueños. Electricistas que saben que los sueños son una forma sencilla de aprendizaje compuesta de juego, aventura y riesgo. Que conocen la importancia de tener los pies en el suelo, pero también lo importante que es poder *dibujar castillos en el aire*, ser capaces de imaginar un mundo diferente. Electricistas que ayudan a buscar soluciones y que no generan problemas innecesarios.

Los sueños son posibles y es impensable mejorar la realidad sin ellos. Para ayudar a nuestros alumnos e hijos a conseguir sus sueños, primero debemos conocer el camino nosotros, ir hasta allí y volver para contárselo.

Intentaré responder a una pregunta difícil y que puede tener múltiples respuestas:

¿Cómo se consiguen los sueños?

Quizá sean los pájaros en la cabeza los que nos ayudan a levantar el vuelo en busca de nuestros sueños. Trátalos bien, no los espantes. ¡Déjalos revolotear!

Para soñar hace falta que seamos pasión, que contagiemos pasión. Y hace falta porque en el camino hacia los sueños encontraremos distintos muros que solo podremos saltar si nos acompaña esta palabra: pasión:

- **Pasión** que nos ayude a vencer la resistencia.
- **Pasión** que nos dé fuerza para pasar a la acción.
- **Pasión** para ser consciente de que es nuestro deber como personas mejorar y cambiar el mundo.
- **Pasión** para que los centros educativos no sean lugares donde los alumnos solo van a aprobar, sino que se conviertan en espacios donde también van a probar.
- **Pasión** para mirar el mundo sin prejuicios y sin miedo.
- **Pasión** para disfrutar de todo lo vivido y no solo del resultado.

- **Pasión** para no vivir a expensas de lo material y como esclavos de la inmediatez.
- **Pasión** para que las posesiones no nos posean y para poseer lo más valioso: a nosotros mismos.
- **Pasión** para que la mirada ajena no resulte más importante que la propia.
- **Pasión** para sentir y seguir los impulsos del corazón.
- **Pasión** para comprender a los demás tal y como son.
- **Pasión** para que la monotonía no se instale en la mente, en los corazones, en las aulas y en los hogares.
- **Pasión** para no apartar los ojos de las injusticias, para no convertirnos en sus cómplices silenciosos.
- **Pasión** para llenar de color días y vidas grises.
- **Pasión** para hacerse grandes preguntas y encontrar grandes respuestas.
- **Pasión** para cambiar de sitio la letra de la palabra «casualidad» y decir «causalidad».
- **Pasión** para no callar lo que sentimos.
- **Pasión** para encontrar dentro de nosotros lo que muchas veces buscamos fuera.
- **Pasión** para no quedar paralizados por miedo a equivocarnos.
- **Pasión** para no poner coartadas que nos impidan actuar y no sabotear nuestras capacidades.
- **Pasión** para *empujar*, para volar.
- **Pasión** para soñar juntos.

Sueño que soñamos solos es pura ilusión, sueño que soñamos juntos es señal de realización.

HÉLDER CÂMARA

**Soñemos para progresar,
soñemos para buscar soluciones,
soñemos para mejorar la educación.**

Recuerda que cualquier colegio o cualquier hogar es un lugar ideal para echar los sueños a volar.

Bailando bajo la lluvia

Ahora vamos a intentar buscar alguna solución a otro de los problemas que podemos detectar en cualquier sistema educativo: el desarrollo de la creatividad en la escolaridad.

No comparto la idea extendida de que la escuela mata la creatividad. Nada más lejos de la realidad, ya que, en mi opinión, la escuela pretende todo lo contrario. Lo que sí creo es que la escuela, algunas escuelas, puede llegar a matar la confianza de sus alumnos en su propia capacidad para ser creativos. Y esto me preocupa mucho.

La escuela debe alimentar en niños y adolescentes el hambre de descubrir. No se trata de cebarlos con muchos aprendizajes. Nuestra función no es presentar a nuestros alumnos un alimento ya preparado y rogarles que lo traguen. Tenemos que hacerles ver que existen y que ellos son los protagonistas, los que deben descubrir el mundo bailando bajo la lluvia, navegando en su barco, respetando sus ritmos, valorándose, haciendo... Nuestra tarea es ayudar a que los niños amen el conocimiento, enseñarles a pensar por sí mismos y a convivir, ofrecerles criterios para que sepan elegir y discernir, aportarles la confianza suficiente para que logren respetarse a sí mismos y a todos los demás.

Por eso considero vital que todos los maestros y padres bailemos bajo la lluvia, naveguemos lejos del puerto, enseñemos con el ejemplo, demos tiempo al tiempo y descubramos los grandes tesoros que cada uno de nuestros alumnos e hijos guarda en su interior. Decía Albert Einstein: «El regalo de la fantasía y la esperanza ha significado mucho más para mí que la capacidad de absorber y de retener conocimiento».

Esta frase me ha hecho reflexionar y plantearme varias preguntas:

1. ¿Estamos creando las circunstancias adecuadas para que la creatividad de nuestros alumnos salga a la luz?
2. En muchas ocasiones, ¿es verdad que nos dedicamos a imponer actividades, a nuestro juicio, necesarias para los niños?
3. ¿Qué enseñanza estamos priorizando en el sistema educativo?
4. ¿Potenciamos el talento de nuestros alumnos?

Estos interrogantes suponen el primer paso para llegar a valorar y desarrollar el talento y la creatividad de nuestro alumnado. No podemos conformarnos con mirar a nuestros alumnos, tenemos que verlos. Ver qué les inspira, qué les llama la atención, qué se les da bien, qué les entusiasma, cuáles son sus miedos o temores. Si los vemos, los comprenderemos, los aceptaremos y los conoceremos de verdad.

Algo que debemos saber es que, muchas veces, no es lo que nosotros queremos hacer, es los que ellos necesitan que hagamos.

Estamos en la era del talento, la era que nos exige innovar, crear, ser diferentes... Y tenemos que preparar a nuestros alumnos para esta era teniendo muy claro que la innovación siempre depende de la creatividad permitida.

Con todo esto mi pregunta final es: ¿qué se puede hacer en los centros educativos para promover la creatividad de los alumnos? Intentaré responder a este gran interrogante aportando diez sugerencias para animar a nuestros alumnos e hijos a ser creativos:

1. Plantear actividades que representen un desafío acorde con sus habilidades y conocimientos.

2. Utilizar preguntas abiertas disipadoras de opciones: ¿Qué pasaría si...? ¿De qué otra manera...? ¿Por qué no...?
3. Identificar oportunidades y momentos para que tomen sus propias decisiones.
4. Incluir el juego y el sentido del humor como ingredientes indispensables en nuestro día a día.
5. Escuchar sus inquietudes y propuestas. Darles chicles ECA (estímulo, confianza y apoyo) para llevarlas a cabo.
6. Evitar hacer juicios y evaluaciones prematuras sobre las ideas expresadas.
7. Respetar los tiempos y los ritmos de cada uno.
8. Sintonizar con sus talentos, intereses y emociones.
9. Dar valor a sus opiniones y promover la posibilidad de que las expresen.
10. Sumergirlos en un ambiente que les permita probar cosas nuevas sin sentirse presionados por los resultados que deben obtener.

Nuestros alumnos son creativos por naturaleza, solo hay que dejarles ser ellos mismos y mirar el mundo con sus ojos.

Con el paso de los años, he llegado a la conclusión de que educamos a nuestros alumnos siguiendo normas que no siempre son razonables. Las encuentro demasiado limitadas y capaces de matar su confianza en cuanto a su creatividad y sus posibilidades. Si nuestros alumnos son diferentes entre ellos, nuestra forma de educarlos y de enseñarles también debería serlo. Tenemos que permitirles soñar, salirse de los límites, explorar nuevas posibilidades, asumir retos, perderse, volar con su imaginación... Decía Einstein: «Si sigues haciendo lo mismo que hacías, seguirás obteniendo los mismos resultados. Esperar obtener algo diferente haciendo lo mismo no es una solución adecuada». ¡Cuánta razón! ¿Verdad?

El problema de la falta de creatividad que vemos en las aulas tiene mucho que ver con el hecho de que, por lo general, no permitimos a los alumnos que sean ellos quienes elijan qué quieren hacer, qué les interesa, y, como consecuencia, no tienen la posibilidad de aprender a responsabilizarse de sus actos y de sus decisiones. Debemos enseñarles a ser responsables respecto a lo que van a hacer y cómo lo harán. Si solo les ofrecemos una posibilidad, no serán libres de elegir, pero si les damos al menos dos, les crearemos un conflicto, un diálogo interior, y ahí es donde empieza todo. Tienen que aprender a responsabilizarse de sus decisiones para sentirse libres y dotar su día a día de creatividad.

¿Cómo podemos conseguir todo esto? Teniendo en cuenta cinco premisas básicas que todo maestro o padre debería decir e inculcar a sus alumnos o hijos:

- Para solucionar un problema o llegar a una meta, hay muchos caminos. ¡Tú eliges el que quieres seguir! No tengas miedo a equivocarte y, si lo haces, recuerda que tienes la opción de continuar aprendiendo.
- Tan importante como llegar a la meta es el propio camino. ¡Disfruta de él!
- Sé valiente, atrévete, sueña y recuerda que el error forma parte del éxito.
- ¡Piérdete! De esta manera encontrarás otros caminos que te llevarán a vivir emocionantes aventuras.
- Lo más importante de todo es ser feliz, no perfecto. ¡No te agobies! Tendrás malos momentos, pero debes entender que pasar por algunos baches no significa que tengas una mala vida.

A ti. Carta contra el *bullying*

Si hay algo en el mundo educativo que requiere de soluciones es el *bullying*, el acoso escolar. Aquí y ahora, me quiero dirigir a toda la comunidad educativa para hablar de este tema e intentar aportar todo lo que podamos al respecto.

A ti, maestro

Abre los ojos. Observa los pequeños gestos de tus alumnos cuando creen que no miras. Abre los ojos en el patio y en las excursiones. Abre los ojos en el pasillo y en clase. Abre los ojos y comprende la gran diferencia que existe entre mirar y ver. Abre los ojos y ve.

Aprende a leer miradas y a interpretar gestos. Observa a los niños y a las niñas que se quedan los últimos a la hora de elegir compañero de grupo; a aquellos que se quedan sin pareja en un juego; a los que están solos en el recreo... Aprende a conocerlos mientras sigues, siempre, viéndolos.

Escúchalos. Ten claro que, cuanto menos habla un niño, más necesita ser escuchado; que, cuando algo le rebasa el alma, su boca se calla y sus ojos hablan. Sin confianza, no habrá diálogo, confesión, consuelo, ayuda, apoyo. Sin confianza, no habrá nada. Busca ese clima de seguridad que invite a la charla. Porque allí está la verdad, su verdad. Cuando tu alumno o tu hijo te abra las puertas de su corazón, tendrás la información más valiosa, el tesoro más preciado: su historia, su porqué. Entenderás conductas, entenderás gestos, sabrás parar a tiempo aquello que está padeciendo, que no le está dejando crecer y volar. Sabrás acoger al que sufre e incluso al que hace sufrir. Sabrás descubrir los silencios obligados, las miradas perdidas, las lágrimas invisibles, los gritos mudos. Verás claramente los corazones que han sido dañados; los corazones que están siendo vapuleados. Sabrás ser maestro. Sabrás estar. Porque un maestro también lo es en los tiempos en los que no da clase. En esos en los que es un elemento más de una vorágine en constante movimiento.

Sé los ojos que nunca se cierran ni se apartan; sé los oídos que siempre escuchan; sé los brazos que nunca se cierran y que siempre acogen; sé la sombra del que acosa; sé la voz del que se ha quedado sin ella debido al miedo; sé palabra que anima y reconforta para los que acompañan y son testigos; sé mano que agarra fuerte y que levanta al que cree que ya no puede más; sé oxígeno para quien no encuentra el aire y necesita, más que nadie, respirar. Estate. Sé. Ve.

A ti, alumno

Denuncia. Porque el culpable es el que hace, el que acosa, pero también aquel que ve y no dice nada. El que aprueba con su silencio. El que tapa con su temor. Pide ayuda. Escucha. Acompaña. Únete al que lo necesita. Ponte en su lugar. No rías lo que no es gracioso. Huye de los grupos en los que para formar parte hay que apartar a otros.

No consientas aquello que en tu interior sabes que no está bien. Escucha tu voz interior. Haz lo que harías si no hubiera nadie mirando; si esa persona que está sufriendo y siendo víctima fuera tu hermano, tu primo, tu mejor amigo. Si supieras que ellos se están sintiendo pequeños, invisibles y aislados. Así se sienten. Acércate a quien está solo, pregúntale qué le pasa a quien veas triste o preocupado; haz todo lo que puedas y un poco más.

A ti, personal del centro (PAS)

Eres los ojos que todo lo ven, los oídos de los muros, de las paredes. Los vigías de las ventanas. Tienes un poder incalculable: la información. Aquella tan valiosa cuando ocurren cosas a espaldas del resto. Eres una pieza importante del puzle de la educación, un profesional imprescindible de tu centro educativo. Implícate. Esto no es solo un trabajo, es una familia. Y cada uno de sus miembros debe estar bien para que todo funcione. No dudes nunca en compartir cualquier sospecha de *bullying* con tus compañeros docentes.

A ti, padre, madre

Tiende puentes de comunicación. Escucha. Interpreta. Comprende. Apoya. No te ciegues con tu perspectiva y observa la realidad. La que está en tu casa. La que duerme bajo tu techo. Conoce sus amistades, convive con ellas. Reconoce lo que no está bien. No encubras. No ocultes. Trabaja con ello y en ello. Busca soluciones fuera cuando lo de dentro no sea suficiente. Informa de aquello que creas que es importante que sepan en el colegio, en el instituto. La vergüenza no soluciona nada.

Denuncia. Imagina qué clase de ciudadano para una sociedad futura quieres que sea tu hijo y dale las herramientas para que labre su camino, con tu supervisión y con tu acompañamiento. No lo lances a mares desconocidos en una balsa de plástico pinchada y sin remos. Enseña. Educa. Comparte. Estate. Te necesita, aunque sea mayor y haga los deberes solos, aunque ya no precise que lo lleves a las actividades extraescolares.

Necesita tu escucha, tu consejo, tu guía, tu presencia. Sé ejemplo. Te observa las veinticuatro horas del día, aprende de ti los trescientos sesenta y cinco días del año. Sé esa persona para que, cuando piense en palabras como «respeto», «justicia», «generosidad», «solidaridad» y «amor», piense en ti.

A ti, Dirección

Asume. Resuelve. Corta. Zanja. Toma medidas. No esperes a que las cosas se resuelvan solas. No restes importancia a lo que la tiene. No eludas responsabilidades. Enfrenta. Frena. Encara.

Sé la batuta que guía esta orquesta contra el acoso con precisión y armonía. Aquella que dirige con justicia. Aquella que escucha todas las melodías. Aquella que puede cambiar el mundo y la vida de quien está siendo víctima de *bullying*, de quien está siendo maltratado. Aquella que les permita volver a volar.

TIEMPO

Sigamos con nuestro viaje. Abramos ahora
el tercer bote de purpurina, el bote TIEMPO.

Siempre que me refiero a este bote de purpurina,
invoco una anécdota que es omnipresente en la
literatura y que creo que retrata fidedignamente
nuestro estilo de vida esclavo actual. En una de
sus muchas versiones está ambientada en un
pueblo de la costa mexicana. Puedes encontrarla
en uno de los libros de Carlos Taibo.
Es la siguiente:

Un paisano mexicano se halla, tocado con el típico sombrero charro, adormilado junto al mar. Un turista estadounidense se le acerca, entablan conversación y en un momento determinado el turista pregunta:

—¿Y usted a qué se dedica? ¿En qué trabaja?

—Bueno, yo soy pescador.

—¡Caramba! Un trabajo muy duro. Trabajará usted muchas horas cada jornada.

—Sí, bastantes horas.

—¿Cuántas horas trabaja como media cada día?

—Bueno, yo le dedico a la pesca dos o tres horitas.

—¿Qué me dice usted? ¿Y qué hace con el resto de su tiempo?

—Vaya, yo me levanto tarde, pesco un par de horas, juego un rato con mis hijos, duermo la siesta con mi mujer y al atardecer salgo con los amigos a beber unas cervezas.

—Pero ¿cómo es usted así? —reacciona airado el turista estadounidense.

—¿Qué quiere decir?

—¿Que por qué no trabaja más?

—¿Y para qué?

—Pues porque si trabajase más en un par de años dispondría de un barco más grande.

—¿Y para qué?

—Más adelante podría abrir una factoría en este pueblo.

—¿Y para qué?

—Con el paso de los años montaría una delegación en Distrito Federal.

—¿Y para qué?

—Más adelante todavía, abriría oficinas en Estados Unidos y en Europa.

—¿Y para qué?

—Las acciones de su empresa cotizarían en bolsa.

—¿Y para qué?

—Sería usted inmensamente rico.

—¿Y para qué?

—Bueno, qué sé yo... Al cumplir sesenta y cinco o setenta años podría retirarse tranquilamente y venir aquí, a este pueblo, a levantarse tarde, pescar un par de horas, jugar un rato con sus nietos, dormir la siesta con su mujer y salir con los amigos a beber unas cervezas.

Tiempo... ¿para qué?

Suele decirse que innovar es pasar de A a B, siendo B igual a *alumno protagonista*. Ese paso de A a B requiere tiempo. Creo que últimamente hablamos y tenemos muy claro que los alumnos deben ser los protagonistas de su aprendizaje, pero se nos olvida algo importante: seguimos diciéndoles qué, cuándo y cómo aprender. Es como si les consideráramos protagonistas de la película de la cual siempre nosotros somos y seremos los directores.

Quizá deberíamos olvidarnos del *alumno protagonista* para pasar a hablar del *alumno director*. Necesitamos tiempo para escucharnos y para escuchar a nuestros alumnos, para acompañar sin presionar, para conectar, para conseguir un aprendizaje sin jerarquías...

Tiempo para pasar de alumno protagonista a alumno director de su propio proceso de enseñanza y de aprendizaje a través de estrategias de autorregulación que le doten de autonomía y de metodologías activas. Creo que, después de pasar tanto tiempo en un centro educativo, deben salir con las herramientas y con el bagaje necesarios para poder tomar decisiones, saber cuál es su sino y disfrutar de su presente mientras construyen y crean su futuro.

Cuando hablo de alumno director, me refiero a objetivo, a meta, a perfil de salida. Al final todos acabamos siendo los directores de nuestra propia vida, y es bueno tener las herramientas, las condiciones y las habilidades necesarias para que dirijamos con autonomía y con el mayor de los aciertos todo los que nos acontece.

Las prisas ahogan las posibilidades de éxito. Todo proceso requiere de presencia, de paciencia y de un poquito de *tiempo al tiempo*.

¿Cómo podemos empezar a destapar este nuevo bote de purpurina? ¡Vamos a descubrirlo!

En educación siempre llegarán olas. ¿Las surfeamos?

El surf es un deporte muy especial que aporta una serie de beneficios que deberían estar presentes en todos los centros educativos del mundo (hablo de los beneficios, no del surf). Entre ellos, podemos destacar los siguientes:

- Proporciona sensación de libertad y de unión con la naturaleza.
- Ayuda a superar las barreras y los límites de cada uno, reforzando la autoestima y la autoconfianza.
- Promociona la igualdad de género y mejora las relaciones sociales.
- Educa en valores: compañerismo, espíritu de superación, integración, perseverancia, respeto, protección del medio ambiente, etc.
- Permite aprender a regular las emociones.

A lo largo del curso nos enfrentamos a grandes olas, intentando siempre estar encima de ellas para que nos impulsen, pero, a veces, esa misma fuerza que nos podría impulsar muy lejos nos aplasta. En educación hay una gran certeza: siempre llegarán olas. Por eso, tenemos que estar preparados para que no nos pillen por sorpresa. Hemos de coger la ola, surfearla, disfrutarla y disponer lo necesario para atrapar la siguiente. Aunque son muchas las olas que vienen hacia nosotros, cinco me parecen especialmente importantes y se me antojan primordiales. Vamos a hablar de ellas:

Ola n.º 1. Alumnos e hijos modo avión

Cada vez más, están llegando a nuestras aulas y viven en nuestros hogares lo que he venido a llamar alumnos e hijos modo avión. Cada vez, por desgracia, a edades más tempranas.

Ni reciben ni emiten, pero están encendidos. Es como si por las mañanas se produjera una proyección astral en la que muchos de nuestros hijos y alumnos envían su cuerpo a las aulas dejando su alma en la cama, ¿verdad? En torno a la hora del recreo el alma viaja al aula para conectarse con el cuerpo, pero ya se han perdido unas horas muy valiosas y de gran importancia para el aprendizaje.

Este es un tema muy recurrente, y los adultos debemos hacer autocrítica. Muchos de nuestros hijos y alumnos están en modo avión o directamente apagados, ¿por qué? ¿Toda la culpa es suya? Creo que estamos muy preocupados por cómo nuestros jóvenes utilizan la tecnología y muy poco preocupados por cómo nosotros , los adultos, la estamos utilizando. ¿Cómo lo hacemos? Pues la verdad es que no muy bien, y no debemos olvidar que la asignatura de la que más aprenden siempre se llama ejemplo. Solemos reñir a nuestros alumnos e hijos por estar todo el día enganchados a las pantallas, pero ¿qué ejemplo les damos, progenitores y docentes?

Hoy es muy común ver a un gran número de personas caminando por la calle sin levantar la cabeza del teléfono móvil; parejas en restaurantes cenando sin mirarse a los ojos; niños viajando en coche o en el propio carrito mirando una pantalla... Sí, eso es lo normal, pero como ya dije, que algo sea lo habitual no quiere decir que esté bien o sea lo más recomendable. Utilizamos los dispositivos digitales como apaganiños o como aparcaniños, sin darnos cuenta de que los estamos apagando de verdad, hasta el punto de que, como dice Álvaro Bilbao, hay niños de tres años que saben usar la tableta, pero no saben dar una voltereta. Siempre que salgo a comer fuera y veo a niños secuestrados por una pantalla, siento una gran pena y una enorme preocupación. La espera en un restaurante puede convertirse en una fantástica oportunidad de aprendizaje simplemente a través de la conversación y de la escucha; puede ser un gran momento para que desarrollen su creatividad y para que piensen, inventen y jueguen. Basta con hacer un simple cambio: menos móvil y más bolis. Estamos muy acostumbrados a utilizar las pantallas de canguro, y eso ni es bueno ni es seguro. Este aspecto es algo realmente preocupante que debemos revisar en cualquier hogar y en cualquier centro educativo.

Para muestra un botón, ¿verdad? Pues aquí van dos:

1. Todos los miércoles o jueves me encuentro en mi portal a unas diez o quince personas en semicírculo con la cabeza agachada mirando una pantalla y bloqueándonos el paso a los vecinos del edificio. Hay una gran variedad: personas adultas de veinte a sesenta años, adolescentes, niños y bebés en carrito, incluso. Pues bien, un día, me armé de valor y me atreví a preguntar qué hacían ahí porque no entendía nada, hasta llegué a pensar que estarían robando mi wifi o algo similar. Cuando pregunté, una persona de mi edad, de unos cuarenta años, muy emocionada y con brillo en los ojos me respondió: «¡¡¡Estamos cazando pokémones!!!». Incrédulo, me abrí paso entre ellos, introduje la llave en la puerta y, cuando estaba a punto de abrir, una chica joven me tocó el hombro para decirme lo siguiente:

«¡¡¡Es que en tu casa tienes un gimnasio de pokémones!!! ¿Nos dejas subir?». No entendía nada —y todavía sigo sin entenderlo—, no daba crédito. A mí personalmente me da igual que las personas adultas se dediquen a cazar semejantes criaturas, que cada uno haga con su tiempo lo que estime. Lo que me preocupa es que ese niño de nueve años estaba ahí copiando el ejemplo de sus padres, normalizando y creciendo con un uso inadecuado de la tecnología, mientras hay niños en un parque jugando, mientras se le escapa la infancia atrapado en una pantalla. Me preocupa también ese niño que está en un carrito mirando la pared una hora mientras su padre o madre está de caza digital. ¡No puede ser! No lo normalicemos, no lo permitamos, por favor.

2. Tenemos unos muy buenos amigos en Dénia, Manolo y Rosa, que nos propusieron visitar Bioparc en Valencia. Pasamos un día fantástico. Decidimos comer en un restaurante con vistas al parque de jirafas. Las mejores mesas estaban ocupadas, desde ellas tenías a las jirafas a dos metros, corriendo, acercándose, ¡una maravilla! En una de esas mesas había una familia con dos niños. Desde donde estaban sentados, esos dos niños tenían vistas directas a las jirafas. ¿Sabes qué estuvieron haciendo durante media hora? Viendo Pepa Pig en el zoo. ¿Culpa de ellos? Pues creo que no. Los adultos tendemos a utilizar las pantallas como chupete emocional para que los niños estén callados y tranquilos, incluso ante experiencias fantásticas en las que nadie debería estar ni callado ni tranquilo. Vamos contra natura. Por favor, demos cabida a sus emociones, acompañémoslos cuando sea necesario y ayudémosles a manejar las diferentes situaciones que la vida les presente. Si les ofrecemos una pantalla para que no lloren o cuando tengan la típica rabieta, no les estamos enseñando a tolerar sus frustraciones, y esto

dificulta que aprendan a autorregularse de manera adecuada. Luego nos sorprende que crezcan y sean incapaces de expresar y de gestionar sus emociones de manera correcta.

Debido a la interpretación errónea o incompleta del concepto de nativos digitales introducido por Marc Prensky, hemos llegado a pensar que nuestros alumnos e hijos saben más de tecnología que nosotros, que tienen una mejor competencia digital que los adultos. ¡Nada más lejos de la realidad! Sin querer, y por omisión, hemos realizado una dejación de funciones y una elusión de responsabilidad al respecto, pensando que poco o nada podemos enseñarles. Está claro que son nativos digitales, pero igual de claro está que sin un acompañamiento adecuado, sin nuestro papel como educadores, acabarán convirtiéndose en simples consumidores digitales de todo y a todas horas, sin criterio alguno y guiados por la inmediatez y por la inmensa cantidad de trampas que internet esconde. Sin nosotros, acabarán siendo zombis digitales, cuando nuestro objetivo debería ser que se convirtieran en *prosumers*, es decir, productores y consumidores digitales con un criterio claro, ético y responsable. Por estos motivos, hoy en día, un docente, un padre o una madre no se pueden permitir el lujo de no ser competentes a nivel digital.

Para mí, la tecnología es un gran tren que nos puede llevar a sitios maravillosos, pero las vías por las que ha de circular dicho tren siempre se llamarán pedagogía. La tecnología está al servicio del aprendizaje, nunca al revés. Es algo que debemos tener siempre muy presente. Lo tengo muy claro: me gusta que mis alumnos utilicen la tecnología, pero no me gusta nada que la tecnología utilice a mis alumnos. Por este motivo, debemos fomentar su espíritu crítico para que sean capaces de ver los peligros escondidos de las TIC y para que aprendan a utilizarlas con sensatez. Recuerda que la tecnología sin un propósito claro es un auténtico despropósito; que la tecnología sin metodología es simple y cara cacharrería que poco o nada pinta entonces en nuestras aulas y en nuestros hogares.

Cuando erais pequeños y vivíais en vuestro entorno natural (pueblo o ciudad), vuestros padres o abuelos os prevenían con orientaciones parecidas a estas: «No cruces la calle cuando el semáforo esté con el símbolo de la persona en color rojo», «No cojas caramelos de extraños», «No corras detrás de un balón si este va hacia un coche», etc. ¿Verdad? En cambio, en el entorno digital, estamos haciendo lo mismo? ¿Estamos dando a nuestros hijos y alumnos las advertencias necesarias? Está claro que, en muchas ocasiones, no o que no lo hacemos como deberíamos. Los enviamos al mar de internet en una barca de plástico, pinchada y sin remos. Navegan perdidos y a la deriva sin ser conscientes de las dimensiones de dicho mar y de todo lo que se pueden encontrar bajo sus aguas. El mar de internet es un mar maravilloso donde nos podemos encontrar con peces de colores, sirenas, delfines y corales, pero donde también habitan piratas, tiburones, pederastas, *sexting*, *grooming*, sextorsión, *stalking*, ciberacoso…

Siempre afirmaré y defenderé que la competencia digital es una de las más importantes porque, aparte de ser una competencia vehicular que nos permite potenciar el resto de las competencias, nuestros niños y jóvenes se levantan y se acuestan con ella. ¿Debería ser así? No, pero lo es, y algo tenemos que hacer, algo podemos hacer. Lo primero sería secuenciar de verdad dicha competencia desde educación infantil hasta la universidad. Cuando digo «de verdad», me refiero a que esa secuenciación sea trabajada y desarrollada con intencionalidad por cualquier docente y que, para que se lleve a cabo, no dependa de si a un alumno le ha tocado ese curso escolar un *profesor o profesora TIC*. Secuenciar la competencia digital es algo sencillo; simplemente consiste en saber y tener identificado de manera clara lo que un estudiante debe saber, aprender y desarrollar respecto a esta competencia en cada curso escolar. Saber que, por ejemplo, en cuarto de educación primaria, desde el área de lengua se puede y se debe empezar a trabajar el procesador de textos; saber que en sexto de educación primaria desde el área de educación física se les puede explicar qué son las redes sociales y los peligros asociados a las mismas porque se acerca la edad legal mínima para poder tener un perfil en una de ellas; saber que en educación secundaria tienen que abordar el tema de la protección de datos, los derechos de autor, los ciberdelitos, etc. Eso es la competencia digital, no jugar a determinados videojuegos o poner filtros a una fotografía. Resulta increíble o al menos paradójico que nos atrevamos a evaluar algunas competencias sin trabajarlas con ellos, es como si quisiéramos evaluar la competencia lingüística sin enseñarles a leer y a escribir.

Piensa por un momento qué ha ocurrido desde que llevas un teléfono llamado inteligente en el bolsillo. ¿Te cuesta esperar en una estación de tren o autobús sin mirarlo? ¿Vas a mirar la hora y cuando te das cuenta estás en una red social viendo vídeos o fotos de los demás? ¿Te agobias cuando la batería está a punto de agotarse? ¿Olvidarte el móvil en casa supone un trastorno horroroso? Es como si estos móviles inteligentes nos estuvieran robando la inteligencia. Nos hemos convertido, debido a ellos, en personas más dependientes e impacientes, en verdaderos esclavos de las pantallas y de lo inmediato. Y esto nos ha ocurrido a nosotros, los adultos, que disponemos de un cerebro adulto desarrollado, así que imagínate las consecuencias en un cerebro infantil en fase de desarrollo. El cerebro infantil es vulnerable porque el córtex prefrontal no está maduro, lo que provoca que nuestros hijos o alumnos tengan dificultades relacionadas con el autocontrol y que les cueste mucho posponer la gratificación inmediata que ofrece cada minuto, cada segundo internet. Esto hace complicado que regulen de manera adecuada sus respuestas emocionales. No es ningún problema, es algo normal y natural que siempre ha ocurrido, pero a lo que hay que añadirle la influencia de las redes sociales, de los videojuegos, etc. Sobre los diez años, el cerebro cambia, los preadolescentes son más sensibles a la atención y a la admiración que los demás les puedan brindar. Quienes están detrás de las redes sociales y otras plataformas son conscientes de este hecho y lo explotan en su beneficio a través de un gran número de recompensas que aumentan los niveles de dopamina y de oxitocina, conocidas como las hormonas de la felicidad y del amor. Antes, para aumentar estos niveles tenías que mantener relaciones sociales cara a cara, desarrollar habilidades sociales y establecer conexiones. Hoy en día, no es necesario, y si estas interacciones en cualquier red social pública no son las esperadas, se genera una gran ansiedad e inseguridad en nuestra juventud, incluso en nosotros mismos. Creo que todo lo comentado anteriormente se convierte en un motivo más que suficiente para tomarnos muy en serio la competencia digital en cualquier escuela y en cualquier hogar.

Para surfear esta ola, hay que buscar estrategias que aumenten la motivación y el interés del alumnado. Hablar en su idioma y hacerles ver que lo que aprenden tiene una utilidad en la vida real. Para ello debemos tener muy presente tres grandes deseos que todos guardamos desde que somos niños: deseo de placer, deseo de reconocimiento y deseo de aumento de posibilidades. Si hacemos que aprender sea divertido siempre que se pueda, que aprender sea necesario y significativo, el número de alumnos en modo avión disminuirá en todas las aulas y en todos los hogares.

Para iniciarse y para introducir cualquier herramienta tecnológica en educación, es conveniente modificar un refrán de toda la vida:

Sin prisa, pero sin pausa.

Debemos hacerlo sin prisa, sí, pero con pausas. Pausas para buscar, para seleccionar, para valorar, para que los alumnos prueben y creen. De nada sirven las TIC si no las ponemos en manos de nuestros alumnos. Tenemos que implicarlos para que pasen de ser meros consumidores TIC a creadores TIC éticos y responsables.

Las nuevas tecnologías pueden convertirse en una gran herramienta educativa, siempre y cuando las utilicemos de manera apropiada y hagamos ver a nuestros alumnos sus riesgos asociados.

Vivimos como robots y nos estamos convirtiendo en siervos de la tecnología. Este hecho está generando situaciones preocupantes: parques callados, columpios quietos, grupos de amigos juntos sin mirarse a los ojos porque están muy ocupados mirando su móvil, personas viviendo una vida virtual mientras su vida real, cargada de oportunidades y de momentos, pasa de largo.

Termino surfeando esta gran ola compartiendo diez consejos para sobrevivir a los peligros escondidos de las nuevas tecnologías. Diez consejos creados para que puedan ser dialogados, explicados y compartidos con nuestros alumnos e hijos:

1. Las pantallas táctiles pueden hacerte perder el tacto. ¡Ojo!
2. La tecnología conecta, pero a veces provoca una verdadera desconexión. ¡No lo permitas!
3. Las redes sociales pueden convertirse en auténticas redes antisociales. ¡Sal, juega y disfruta con tus amigos!
4. El número de amigos, de seguidores o de «Me gusta» no indica tu valor. ¡Tú vales mucho más que un número!
5. Los emoticonos son graciosos, pero nunca podrán reemplazar un abrazo de verdad. ¡Abraza!
6. Prueba a escribir sin abreviaturas. Es posible y mejorará tu ortografía y la de los demás.
7. Si estás viviendo un momento precioso, ¡disfrútalo! No es necesario ni obligatorio grabarlo y publicarlo.
8. No tienes por qué fotografiar lo que vas a comer y subirlo a tus redes sociales. ¡Cómete la comida y saboréala!

9. Si la batería de tu teléfono móvil se agota, ¡sonríe!, no te agobies. ¡Abre los ojos, levanta la cabeza y disfruta del mundo!
10. Tú decides: controlar o ser controlado.

Ola n.º 2. Déficit de realidad y de naturaleza

El mundo debe verse a través de los ojos, no de las pantallas. Nuestros alumnos y nuestras alumnas necesitan que diseñemos junto con ellos experiencias analógicas que les hagan valorar el lado sencillo y natural de la vida.

Preguntaba Tonino Guerra: «¿Cuándo es la última vez que te has parado ante una puesta de sol?». ¡Es una pregunta muy importante! Se trata de revalorizar los instrumentos y tecnologías tradicionales, de experimentar, de cuidar los detalles, de estar atentos al proceso, de desconectar para conectar con lo que nos rodea. Ante un mundo que está en digitalización constante hace falta una humanización mayor. Calidad humana que guíe y dé sentido a la calidad tecnológica.

Hemos de saber y hacer saber a nuestros hijos y alumnos que siempre valdrá más un buen recuerdo en nuestro cerebro que mil archivos JPG en nuestro ordenador. Lo más importante es lo vivido y disfrutado, no lo capturado y publicado.

Uno de los mayores problemas que percibo en el uso de la tecnología es que provoca que muchos padres miren una pantalla y dejen de mirar a sus hijos a los ojos. Este hecho está disminuyendo la interacción de los adultos con los niños y empobreciendo su entorno de socialización y de aprendizaje. Estamos alerta para evitar que la red nos atrape hasta este punto.

Es importante educar(nos) en la espera, en saber aguardar con paciencia y respeto. Por ejemplo, ser capaces de:

- Sentarnos en un restaurante y no estar mirando el móvil la mayor parte del tiempo.

- Disfrutar de la compañía y de la conversación.
- Mirar más a los ojos y menos a las pantallas.

Ola n.° 3. Innovación educativa con «fibra óptica»

Todo tiene que suceder rápido, y parece que ya nada puede esperar. Nos han o nos hemos metido en la cabeza que podemos innovar de un día para otro, de un mes para otro, y eso es mentira. Quizá esto se deba al proceso temporal de las películas o de las series en las que todo ocurre tan rápido.

La innovación en educación y en cualquier sector siempre será un proceso a largo plazo, nunca a corto plazo. Para innovar, tiempo de calidad y en cantidad vamos a necesitar.

Si queremos innovar de un día para otro, probablemente, desaprovecharemos ocasiones que por las prisas ni veremos. El factor humano es clave para generar innovación. «Más pronto» y «más rápido» no son sinónimos de mejor. Si nuestra innovación es tan rápida como la fibra óptica, estaremos cometiendo un error imperdonable que hará que no podamos llamar innovación a lo que hayamos hecho o conseguido hasta el momento; no estaremos respetando el ritmo y el camino de cada uno de nuestros alumnos e hijos. Tenemos que ajustar la velocidad al momento y a la persona. Si la finalidad es innovar con sentido, es preciso dar tiempo a las personas, ya que todo proceso innovador depende de ellas.

Hay una reflexión personal que siempre me acompaña y que me repito cuando oigo hablar y hablar de innovación educativa. Es la siguiente:

No existe mayor innovación educativa que respetar la diversidad de ritmos de aprendizaje de cada uno de tus alumnos. Quizá eso sea todo, conseguir que ninguno se quede atrás, o al menos intentarlo. Eso es innovar. Al menos para mí.

Algunos llegarán dando un gran salto.
Otros lo harán dando tres pasos grandes.
Otros lo conseguirán dando seis pasos normales.
Otros lo lograrán dando nueve pasos pequeñitos.
Otros necesitarán dar doce pasos diminutos.
Algunos llegarán solos;
otros precisarán de tu mano.
Eso es normal; eso está bien, eso debemos respetar.

No es tanto dar a nuestros alumnos e hijos lo mismo, sino dar a cada uno de ellos lo suyo. Los caminos que deben transitar para llegar a aquello que consideramos básico no son nada básicos. No todos pueden alcanzar las metas planteadas de la misma manera ni haciendo el mismo recorrido. Esta simple reflexión debe guiar nuestra práctica educativa.

Ola n.º 4. Educación tratada como mercancía política

Asistimos atónitos, como ya abordé en otro capítulo, a un baile de leyes que no tiene ningún sentido. Urge una alianza educativa que nos lleve a un proyecto educativo menos memorístico y más creativo, que otorgue mayor autonomía y que involucre a todos. No se debería hacer una ley educativa sin tener en cuenta a los alumnos, a las familias y a los docentes.

La educación es algo tan importante que no debe estar solo en manos de políticos, aunque ellos pueden hacer mucho por ella, y no lo digo yo, lo decía Marco Aurelio, mira en qué época. Este emperador-filósofo, en sus *Meditaciones*, un auténtico testamento vital que no pierde actualidad con el paso de los siglos, agradecía a su bisabuelo el haberle proporcionado «buenos maestros en casa y el haber comprendido que, para tales fines (la educación), es preciso gastar con largueza». Por ahí habría que empezar, por invertir de verdad en aquello que es preciso para mejorar nuestro sistema educativo y la conciliación familiar.

Estoy harto, estamos hartos muchos docentes y muchas familias, de este cambio constante e imprudente de leyes educativas que nos aboca a la incertidumbre y al sinsentido curso tras curso.

Ola n.º 5. Lenguaje interno

Si ahora te preguntara con quién hablas más en tu día a día, a buen seguro que me dirías que con algún familiar, amigo, pareja, etc. Y está muy bien y podría ser así, pero no lo es. La persona con la que más hablamos en nuestro día a día es con nosotros mismos, pero no nos damos cuenta.

Ahora bien, piensa por un momento, ¿cómo nos hablamos? Si vas por la calle y te tropiezas, rápidamente viene a tu cabeza esta afirmación: «Estoy tonto», pero que no venga alguien a llamarte tonto. La cosa cambiaría, ¿a que sí? Hemos normalizado insultarnos, tratarnos mal, ponernos barreras que no podemos saltar y techos de cristal que no logramos atravesar. Nos tratamos y nos hablamos francamente mal. De hecho, si tuviéramos amigos que nos trataran como nosotros nos tratamos a nosotros mismos, ya no serían nuestros amigos por motivos más que obvios y justificados. Somos amables y educados con los demás, al mismo tiempo que somos desagradables y maleducados con nosotros. ¡Piénsalo!

Cuando actuamos así, de una manera u otra, estamos echando al traste o a la basura el gran trabajo que realizan las maestras y los maestros de educación infantil con sus maravillosas asambleas diarias.

Hago aquí un breve inciso para decir que, bajo mi punto de vista, las maestras y los maestros de educación infantil deberían ser ejemplo y referencia para todas las etapas educativas porque dejan grandes aprendizajes e importantes valores bajo nuestra piel para siempre.

Dicho esto, continúo. Esta ola de la que estamos hablando se llama lenguaje interno, y este es sinónimo de éxito en el futuro, entendiendo por éxito lo que cada uno entienda. Este lenguaje interno guarda una estrecha correlación con la autoestima, con el autoconcepto y con la confianza en uno mismo.

Es una ola que debemos surfear y trabajar en nosotros, puesto que, al igual que no podemos enseñar lo que no sabemos, no podemos dar lo que no tenemos. Es imprescindible enseñar y guiar a nuestros hijos y alumnos para que adquieran el hábito de hablarse y de tratarse de manera justa. Quiero pararme aquí porque es importante matizar ese «de manera justa». No consiste en hablarse siempre bien, a veces, necesitaremos decirnos cosas incómodas porque hemos actuado mal y es necesario que ante esta situación seamos también precisos y realistas.

Normalmente, lo que creemos se convierte en lo que luego creamos o, al menos, intentamos crear. Si queremos alcanzar nuestras metas y que nuestros alumnos e hijos también lo hagan, debemos gestionar con coherencia nuestro lenguaje, nuestra conversación interior.

Estas cinco olas no son olas fáciles ni pequeñas, pero recuerda que, cada vez que nos enfrentamos a una de ellas, la siguiente será más fácil de surfear.

Así que ¿surfeamos?

Educar a fuego lento, garantía de futuro

Si algo está claro es que en educación hacemos muchas cosas día a día, curso tras curso. Es hora de preguntarse no lo que hacemos, sino cómo lo hacemos. Hacemos y hacemos sin profundidad, sin apenas sumergirnos en lo que nos atañe. Triunfa la cantidad sobre la calidad, la superficialidad sobre la profundidad, la ausencia sobre la presencia... Por no hablar de nuestras programaciones y de nuestras agendas sobrecargadas, que nos conducen irremediablemente a vivir trimestres y cursos acelerados. ¡No hay tregua!

Es evidente que no existe mejor manera de no estar en ningún sitio que intentando hacer y estar en todos lados. En educación, correr no es siempre la mejor forma de actuar. Existen ciertas cosas que no podemos ni deberíamos acelerar, que requieren tiempo y que si las aceleramos el precio a pagar es altísimo.

Creo que sería más interesante y mucho mejor hacer menos y disponer del tiempo necesario para sacar el mayor provecho posible de cada experiencia, de cada momento, de cada contenido o cada actividad. Los niños tienen su propio ritmo de aprendizaje y los estamos contagiando con el virus adulto del apresuramiento. Este es un virus realmente peligroso que les acorta la infancia, les presiona para que imiten las costumbres adultas y les obsesiona con la velocidad.

Educar al estilo *correcaminos* es tan nutritivo como engullir bollería industrial, por eso debemos guisar a fuego lento, permitiéndonos y permitiéndoles disponer de tiempo:

- Tiempo para explorar con profundidad.
- Tiempo para establecer relaciones significativas que nos permitan alcanzar aprendizajes significativos.
- Tiempo para ensanchar la mente.
- Tiempo para estimular la creatividad.
- Tiempo para respetar la singularidad de cada persona.
- Tiempo para iluminar inteligencias y talentos.
- Tiempo para hacer desde el corazón.
- Tiempo para enseñar, por supuesto, pero sobre todo tiempo para educar. Porque, en un mundo que en muchas ocasiones deseduca, la familia y la escuela no pueden permitirse el lujo de no hacerlo en equipo.

- Tiempo para soñar juntos lo mejor de cada alumno y de nosotros mismos.
- Tiempo para acabar con uno de los principales motivos por los que fracasa nuestro sistema educativo, que no es otro que querer adelantar la hora de los éxitos.
- Tiempo para dejar de ser centros educativos que buscan singularizarse porque lo que perseguimos es conseguir singularizar nuestro sistema educativo.
- Tiempo para incentivar la iniciativa.
- Tiempo para tener tiempo para enseñar las cosas más importantes de la vida.
- Tiempo para estar despiertos cuando llegue la hora de hacer realidad los sueños.
- Tiempo para las caricias, para confiar, para escuchar...
- Tiempo para preparar bien la asignatura de la que más aprenden los alumnos: nuestro ejemplo.
- Tiempo para dar alas.
- Tiempo.

Guisando a fuego lento aumentamos la riqueza y el sabor de la comida, y lo que la educación precisa es más riqueza y más sabor. No es necesario conocerlo todo, pero sí que es muy necesario profundizar en algunos *algos* trascendentes e importantes para el devenir de la educación.

Para todo hay un momento y un lugar.
Todo tiene su tiempo natural.

Esta es una idea que día a día ronda por mi cabeza y que me ayuda a ser paciente, saber esperar y entender que es más importante escuchar a mis alumnos y a mis hijas que enseñarles mil lecciones.

Creo que, en educación, el amor es el principio pedagógico esencial, y el amor no entiende de relojes. El amor entiende de ayuda, de apoyo, de acompañamiento, de asombro, de alegría, de aceptación, de ánimo, de aliento... Y resulta que todas estas palabras que también empiezan por la letra necesitan y requieren tiempo, un tiempo natural que no podemos arrebatar a nuestros alumnos.

¡Guisa a fuego lento!

Fareros que guían con su luz

Los docentes y los padres, lo queramos o no, somos fareros que guiamos con la luz de nuestro faro a nuestros alumnos e hijos para que descubran los diferentes caminos y vías que los pueden llevar a su puerto. Para ello necesitamos tiempo y disponer de altas dosis de paciencia.

¿Cómo podemos hacer esta tarea?

- Fomentando la creatividad de los alumnos. Cediéndoles todo el protagonismo: ellos son los capitanes de su barco y debemos animarlos a investigar, a resolver sus problemas de la forma que consideren oportuna.

- Ayudándoles a navegar en busca de sus sueños. Pueden ser utopías difíciles de conseguir, pero eso no quiere decir que no deban buscarse.

- Reconociendo y elogiando los esfuerzos de los alumnos más que sus capacidades. Interactuando con ellos, siendo agradables y educándolos emocionalmente.

- Enseñándoles a creer en sí mismos y haciéndoles ver que para llegar al puerto de sus sueños tienen que remar, remar, remar y remar.

- **R**edescubriendo para nuestros alumnos nuevos e inagotables horizontes de saber que despierten en ellos el deseo de descubrir y de aprender.

- **O**freciéndoles la oportunidad de sentirse importantes tripulando su barco, corriendo nuevas aventuras, navegando hasta mundos desconocidos que se encuentran alejados y en otros océanos.

- **S**iendo pacientes. No hay dos niños iguales. Da igual que la luz del faro sea la misma. Algunos necesitarán más tiempo para verla y otros menos. Tenemos que ser pacientes por igual con todos y mostrarles nuestra confianza.

Estar loco por tus alumnos e hijos

Hace ya muchos años en una entrevista me preguntaron: «Si tuvieras hijos, ¿qué característica valorarías más o te gustaría que tuvieran sus maestros?». Ahora no contestaría del mismo modo. Mi respuesta actual la tengo clara: lo que más valoraría sería que las maestras y los maestros de mis hijas *estuvieran locos*. Locos por ellas y por el resto de sus compañeros.

Ese *estar loco* al que me refiero está basado en el amor, en el afecto y en la atención. Es esa locura que permite que nuestros hijos y alumnos se desarrollen correctamente. Sin estas tres aes da igual las potencialidades y las capacidades que tengan, les estaremos privando de lo esencial, de todo aquello que les permite creer en ellos mismos.

Cuando pasan los años, te das cuenta de que el éxito o la felicidad no se alcanzan con los títulos o las notas, sino a través de aquellas experiencias y momentos que te hicieron creer en ti mismo. Pues resulta que esas experiencias o momentos, si lo pensamos bien, siempre ocurren bajo un baño de afecto. Y no se consiguen realizando cosas extraordinarias, no nos equivoquemos, en educación es más importante lo que hacemos todos los días que lo que hacemos de vez en cuando. De nada sirve hacer un proyecto fantástico de lo que sea, si luego en el día a día no entramos a clase con una sonrisa en la boca, si no escuchamos a los niños, si el transcurrir de las horas se parece más al de un ejército que al de una escuela, si el silencio se apodera del aula... Es llamativo que queramos que nuestros alumnos aprendan algo del mundo y que los encerremos entre cuatro paredes. ¡Tenemos que salir a él! Poner ventanas, puertas y puentes donde ahora hay paredes o muros.

Decía san Francisco de Asís: «Un solo rayo de sol basta para ahuyentar muchas sombras». Los maestros y los padres tenemos la suerte de contar con tres rayos de sol (amor, atención y afecto). ¿Te imaginas cuántas sombras podemos ahuyentar? ¡Cómo no aprovechar esta oportunidad!

Aunque nos parezca mentira, dentro de este sistema educativo exprés que los políticos han tenido a bien regalarnos, tiene cabida una educación a fuego lento. Una educación sin prisas, donde importe más la calidad que la cantidad; donde haya menos consumo exterior y se fomente más la creación interior; donde los alumnos se puedan mover y donde se entienda que el movimiento es clave para aprender; donde el juego y la experimentación sean la base y no el premio o el castigo; donde los deberes no se conviertan en ladrones de infancia; donde se entienda que cada uno da de sí lo máximo que puede dar y que si no lo da es porque o bien no es el momento, o bien necesita más tiempo o esas aes de las que estamos hablando.

¿Cuándo se sabe que un maestro está loco por sus alumnos?

- Cuando les hace ver que los quiere. Con acciones, con palabras y con gestos.
- Cuando nunca los amenaza con la retirada del amor. «Si haces eso, no te voy a querer». El amor es incondicional.
- Cuando realiza las correcciones en privado y respeta la privacidad de los niños.
- Cuando no los compara con nadie.
- Cuando los escucha y les hace ver que sus opiniones son importantes.
- Cuando evita relacionar la valía personal con la conducta disruptiva. Es muy distinto decir «Has hecho una tontería» o «Esto está mal» que decir «Eres tonto» o «Eres malo».
- Cuando no está mirando constantemente el reloj para ver si termina la clase.
- Cuando exige en su justa medida, ni mucho ni poco. Simplemente, lo que cada uno puede ofrecer, a lo que cada uno puede llegar. Desde altas dosis de cariño y de dedicación, se pueden demandar altos niveles de exigencia.
- Cuando no emplea palabras que les hacen sentir mal o culpables.

Es evidente que, con amor, con atención y con afecto, llegaremos al corazón de nuestros alumnos y nos daremos cuenta de una gran verdad:

A nadie se le da todo bien,
pero a todos se les da bien algo.

Entonces será el momento de ayudar a descubrir a nuestros alumnos sus *algos*; a detectar en qué son buenos.

Te animo a escribir o a colgar en tus aulas el eslogan ESTOY LOCO POR VOSOTROS O ESTOY LOCO POR TI.

El tiempo en la escuela

Los maestros tenemos que creer en nuestros alumnos, aceptar-los y valorarlos tal como son, con sus talentos, con sus carencias, con sus sueños, con sus miedos, con sus ilusiones y con sus problemas.

No dar este tiempo nos lleva a hacer y a obtener un listado de cosas que nunca deberían asociarse con la educación: caras largas, palabras ofensivas y desmotivadoras, amenazas, gritos, castigos, ejercicios tediosos y aburridos, memorizaciones sin comprensión, aprendizajes desconectados de la vida que solo sirven para continuar en la escuela y que por ello se olvidan rápidamente, etc.

La educación necesita tiempo, tiempo para conjugar muchos verbos: querer, escuchar, hacer, observar, aprender, elogiar, conocer, valorar, jugar, reír, trabajar, sentir, soñar, discurrir, volar, vivir, conversar, descansar, investigar, disfrutar, empatizar, respetar, explorar, animar, reflexionar, ser, imaginar, saber, acompañar, agradecer, crear, crecer, confiar, asombrar, apreciar, saborear, buscar, encontrar, amar y emocionar.

Educación se deletrea A-M-O-R y amor se deletrea T-I-E-M-P-O. Por lo tanto, me atrevería a decir que educar es dar y darse tiempo. Pero... ¿para qué necesitamos ese tiempo los maestros y las familias? ¿Para qué lo necesitan nuestros alumnos? Es una pregunta vital que debemos hacernos y a la que he tratado de dar respuesta así:

EL TIEMPO EN LA ESCUELA

Tiempo... ¿para qué?

Tiempo para querer y para escuchar,
para hacer y observar.
Tiempo para aprender y para elogiar,
para conocer y valorar.

Tiempo para jugar y para reír,
para trabajar y sentir.
Tiempo para soñar y discurrir,
para volar y vivir.

Tiempo... ¿para qué?

Tiempo para conversar y descansar,
para investigar y disfrutar.
Tiempo para empatizar y respetar,
para explorar y animar.

Tiempo para reflexionar y para ser,
para imaginar y saber.
Tiempo para acompañar y agradecer,
para crear y crecer.

Tiempo... ¿para qué?

Tiempo para confiar y asombrar,
para apreciar y saborear.
Tiempo para buscar y encontrar,
para amar y emocionar.

Gracias por vuestro tiempo, maestros y familias.

Afinando los cinco sentidos

Un buen maestro y una buena familia utilizan de manera apropiada el tiempo para ayudar a sus alumnos e hijos a afinar sus cinco sentidos.

- Afina su vista para que sepan mirar con cariño y comprensión.
- Afina su oído para que aprendan a escuchar antes de hablar.
- Afina su gusto para que sus bocas pronuncien palabras que alienten y que tiendan puentes.
- Afina su olfato para que puedan olfatear lo que se oculta detrás de las apariencias.
- Afina su tacto para que sus manos siempre estén dispuestas a dar y a compartir.

¿Qué necesitamos hacer para ayudarlos a afinar sus cinco sentidos?

1. Afinarnos

Para afinar sus sentidos, es necesario que nosotros tengamos bien afinados los nuestros, ya que es evidente, como ya comentamos, que no podemos dar o enseñar aquello de lo que carecemos, aquello que no sabemos.

También es necesario que seamos conscientes de que educar con cariño no debe ser nunca una excepción, sino que debe convertirse en un hecho cotidiano y habitual.

2. Afinar las aulas

Haciendo que se conviertan en espacios en los que nuestros alumnos disfruten aprendiendo, en los que se sorprendan, en los que se emocionen descubriendo, en los que encuentren aquello en lo que son especiales;

espacios en los que brillen, en los que descubran esa luz que los ilumina por dentro para poder iluminar a las demás personas con ella; espacios que integren las TIC y que nos permitan disfrutar de todas las posibilidades que nos brindan; espacios en los que no sea necesario abandonar la tiza o los libros, en los que aprendan a utilizar los medios digitales igual que los analógicos, en los que la tiza y los libros convivan complementándose y ayudando al aprendizaje, enriqueciéndolo; espacios que se conviertan, como dice Joseph Campbell en su obra *El poder del mito*, en «estaciones de alegría», en lugares en los que simplemente puedan experimentar y dar a luz aquello que son y aquello que pueden llegar a ser algún día. Lugares para la incubación creativa.

3. Afinar la escuela

Soñándola y haciéndola entre todos. La escuela que está llegando es rebelde, reúne aspectos de la escuela de ayer y de la de hoy, está llena de profesores con ganas de aprender, con interés por formarse.

Es una escuela con medios tecnológicos a la altura de sus necesidades, en la que se sale de sus muros para aprender de la realidad en la que está inmersa.

Es una escuela que no acalla, que da voz, que escucha y que apuesta por un cambio educativo que no nos haga abundar en lo superfluo, ya que, cuando lo hacemos, corremos el peligro de enfocarnos poco en lo necesario y en lo realmente importante.

Es una escuela que se aleja de la pirotecnia metodológica y pedagógica en la que estamos inmersos.

Es una escuela que sabe descubrir y poner en valor todo lo bueno que ya está presente en el ámbito educativo.

4. Afinar a los políticos y las administraciones

Siento ser pesado, pero creo que es conveniente y, una vez más, aquí lo dejo. Reivindicando más medios, mejores infraestructuras, más profesorado y la disminución de las ratios. Exigiendo que la voz de los docentes, de los alumnos y de las familias sea escuchada de verdad en la creación y redacción de nuevas leyes educativas.

Si estos cuatro pasos se llevan a cabo, nos será mucho más fácil ayudar a nuestros alumnos a afinar sus cinco sentidos. Algo que me parece imprescindible, porque tan importante como enseñarles a leer libros es enseñarles a leer la realidad, a leer el mundo, a leer el dolor, a leer los ojos, a leerse.

Por el valor pedagógico del «perder»

Creo que no puede haber una educación rápida y creo en la importancia del camino y del recorrido. Son importantes la lentitud, la profundidad, el aprendizaje para la comprensión, el tiempo para deliberar y meditar, y no solo *el hacer*.

No debemos alimentar el sistema educativo con aprendizajes efímeros e innecesarios. Todos los niños aprenden cuando el ritmo es el adecuado. Menos es más, también en educación.

Padres, madres, docentes, os animo e invito desde aquí a perder el tiempo, y a seguir estos consejos, que encontraréis profundizados entre las páginas de *La pedagogía del caracol*, de Gianfranco Zavalloni (Graó).

- Pierde tiempo para escuchar. Enseña aprendiendo a escuchar y recogiendo las emociones de cada niño.

- Pierde tiempo para conversar. Habla con los niños y no solo de los niños. Piensa como ellos y no solo en ellos. Hazlo sin preocuparte por el tiempo y sin la presión obsesiva por ser más y más productivo.
- Pierde tiempo para respetar a todo el mundo. Escucha y respeta los ritmos de cada uno.
- Pierde tiempo para darte tiempo. Descubre y aprecia aquellas cosas más pequeñas.
- Pierde tiempo para compartir las preferencias. Organiza zonas de libertad en las que los niños y adolescentes puedan sentir la responsabilidad de lo que han elegido.
- Pierde tiempo para jugar. Permite a los niños expresarse, compartir normas, entender el mundo e interrelacionarse con los demás.
- Pierde tiempo para caminar. Pasea con los niños. Te ayudará a conocerlos más y a vivir en su territorio.
- Pierde tiempo para crecer. Para prepararlos para el futuro, es necesario ofrecerles todo el tiempo y el espacio presente.
- Pierde tiempo para ganar tiempo. Disminuye la marcha porque la velocidad se aprende en la lentitud.

Hazlo por el valor pedagógico del *perder* tiempo, una partida, un tren, un objeto, una cita, a alguien... A veces, necesitamos perder para ganar. Otras veces, perder nos permite apreciar todo aquello que damos por hecho y que apenas valoramos. Al igual que es necesario perderse para encontrarse, también es necesario perder para ver, para comprender, para emprender y para aprender.

Enseñamos a 120 km/h, aprenden a 50, 70, 90, 130 km/h

Riechmann nos explica cómo la crisis ecológica mundial es una consecuencia indirecta de la velocidad. De la velocidad del consumo de energía, que es superior a la velocidad de creación de los combustibles que utilizamos cada día. De la velocidad de producción de desechos, que es superior también a la velocidad de la naturaleza en reabsorberlos.

En educación ocurre algo similar. Existe una gran diferencia entre la velocidad de nuestras programaciones y la velocidad con la que nuestros alumnos aprenden. Enseñamos a 120 km/h, pero ellos aprenden a 50, a 70, a 90 km/h, etc., e incluso a 130 km/h. Si la finalidad es *hacer con sentido*, para ello es vital dar tiempo a las personas, a los aprendizajes...

Creo que es necesario transformar el aprendizaje utilizando metodologías didácticas atractivas y huyendo de prácticas educativas y didácticas plastificadas.

Si continuamos con estas prisas, apagaremos la creatividad de nuestros alumnos. Disminuyendo la marcha y aprendiendo a mirar, tendremos la posibilidad de aprovechar ocasiones que, corriendo demasiado, ni siquiera advertiríamos.

Recuerda, en la vida y en la educación, nuestros alumnos e hijos aprenden más y mejor cuando el ritmo es el adecuado. ¡No corras!

Las herramientas y los recursos son importantes, tú y tu tiempo sois imprescindibles.

¿Qué es realmente innovar?

Estoy cansado. Cansado de poner nombres a todo lo que hago, como si el no hacerlo quitara importancia o veracidad a lo realizado. Cansado de que sin una interminable torre de papeleo que justifique cada paso que se dé en una clase nada parezca tener sentido. Cansado de que todo deba tener cien objetivos para que sea considerado algo bueno. Cansado de que cualquier proyecto tenga que llevar la etiqueta de *innovación* sin realmente serlo. Cansado de escuchar que cualquier tiempo pasado fue mejor y ver cómo la gente joven hace méritos para continuar con ese refrán en un futuro. Como si esta *titulitis* o esta fiebre del *naming* absorbiera todo sin dejar espacio a lo importante. Cansado, pero no desilusionado.

Así que he decidido sentarme y sentirme. Sentarme con mis alumnos y aprovechar cada minuto que se me escapa entre los dedos de su infancia. Y mirar..., mirar las estrellas, mirar sus estrellas. Observar lo que quieren ver en ellas, sentir su escalofrío al ver pasar una estrella fugaz y subirme a la ilusión de la esperanza y de sus sueños. No quiero perderme ni un segundo de su mirada infantil y quiero ayudarlos a disfrutar aprendiendo. No hay otra manera de hacerlo más que sentándonos y disfrutando del momento, olvidándonos de todos los fuegos artificiales que truenan y deslumbran a nuestro alrededor, centrándonos en lo importante, dejando de mirar el reloj y omitiendo el ruido. Porque, al final, los maestros simplemente somos lo que recuerdan de nosotros, pero, sobre todo, somos lo que nuestros antiguos alumnos sienten cuando nos recuerdan.

Hablemos entonces de innovación educativa. Hoy en día, es más que necesario innovar en educación, merece la pena el cambio educativo por nuestros alumnos e hijos. Lancémonos a buscar nuevos horizontes educativos que estimulen el protagonismo del alumnado y su curiosidad innata por aprender.

Para iniciar cualquier innovación en educación, debemos plantearnos tres preguntas:

1. ¿Qué es innovar?
2. ¿Qué es B en educación?
3. ¿Qué hay en el mundo para conseguir B?

1. ¿Qué es innovar?

Innovar no es cambiar algo para que todo siga igual, no son ligeros cambios cosméticos y simples adaptaciones a la moderni-

EDUCAR CON LAS OTRAS TIC: TIEMPO, INTERÉS Y CARIÑO

dad. Innovar es simplemente pasar de A a B y generar un cambio real que afecte a todos los miembros de la comunidad educativa para bien.

2. ¿Qué es B en educación?

B en educación es situar al alumno como protagonista. Si queremos situar al alumno en el centro, tenemos que conocer y tener muy presentes sus necesidades. Algunas de ellas pueden ser:

- Formatos multimedia y no solo formatos impresos.
- Aprender juntos.
- Aprender jugando.
- Ser tenido en cuenta.
- Encontrar sentido funcional a lo que hace.
- Vincularse de verdad: con el colegio, con el docente, con sus compañeros, con sus padres...
- Investigar y crear usando también herramientas de su tiempo.
- Estar en acción y en movimiento.
- Experimentar.
- Un papel más activo en su aprendizaje y en las clases.
- Poder seguir sus pasiones.
- Desarrollo adecuado de su competencia digital.
- Ser autónomo y responsable.
- Dar rienda suelta a su creatividad.
- Que se tengan en cuenta todas sus inteligencias y potencialidades.
- Aprender a autorregularse y a autoorganizarse.
- Aprender a disfrutar también de los *momentos analógicos* de la vida.

3. ¿Qué hay en el mundo para conseguir B?

Para saber qué hay en el mundo para conseguir B y para seleccionarlo e implantarlo con criterio, tenemos que conocer también nuestras necesidades como docentes y padres. Estas serían algunas de ellas:

- Saber que el mejor recurso de innovación es el docente.
- Entender que, aunque dejemos de ser los protagonistas, no por ello dejamos de ser significativos.
- Comprender el cerebro de nuestros alumnos.
- Formación y tiempo para pensar, discutir, crear, etc.
- Que desaparezcan las contradicciones existentes en las leyes educativas.
- Contextualizar los aprendizajes.
- Saber que la escuela no prepara para la vida, sino que la escuela es vida.
- Entusiasmar a nuestros alumnos y crear en ellos el deseo de aprender.
- Que desaparezca el modelo prusiano de todos los centros educativos en los que aún sigue vigente.
- Preparar a nuestros alumnos para que sean capaces de concebir e implementar nuevas ideas.
- Concentrar más energías en el aprendizaje para que los alumnos aprendan como a ellos les resulte más fácil.
- Alentar a nuestros alumnos para que tomen las riendas de su propio aprendizaje.

Y una vez vistas las necesidades de los alumnos y las nuestras, ya podemos empezar a utilizar lo que hay en el mundo para conseguir B: metodologías activas, nuevas pedagogías, formación, currículo global e interdisciplinar, nuevo rol del docente, cambios en la manera de evaluar, mentalidad planetaria que dé amplias miras a nuestros alumnos, hackear el aula para convertirla en un espacio IAA (investigación, acción y aprendizaje), cambiar la organización de los centros...

Solo se puede innovar en educación si creemos en nuestros alumnos, si realmente los conocemos, si los queremos y los valoramos. Hay una palabra que un día me inventé y que da respuesta a la principal necesidad de cualquier innovación educativa: *iiiata*.

**Imposible
Innovar
Ignorando
A Tus Alumnos**

Cuando pensamos en innovación educativa, nos viene a la cabeza un gran entramado de metodologías, pedagogías, recursos TIC, etc. Este entramado puede resultar muy útil, siempre y cuando haya tenido lugar antes lo más importante: disfrutar de la vida y disfrutar haciendo lo que haces. Un profesor que disfruta en clase hará que sus alumnos disfruten, y, por lo tanto, estará innovando. ¿O acaso existe mayor innovación que ser feliz y conseguir que los demás lo sean?

Si realmente queremos innovar en educación, tenemos que dar a nuestros alumnos la confianza y los recursos necesarios para que alcancen la felicidad por sí mismos y para que disfruten haciendo lo que hacen. Para generar esto, el mayor recurso que tenemos está en nosotros. Nuestros ojos, nuestras orejas, nuestra boca y nuestro corazón nos permitirán observar, escuchar, dialogar y sentir. Sin estos verbos, no puede existir innovación. Nos permiten crear lazos, estar presentes y vivos en clase. Nos permiten conocer a nuestros alumnos, recoger sus emociones, descubrir sus intereses y talentos.

Sin duda, el factor humano es clave para generar innovación. Podemos tener los mejores reactivos (alumnos, recursos, instalaciones...), pero, si no cuidamos los medios de reacción (relaciones, integración, educación emocional...), ¿de qué sirven?

Estamos acostumbrados a complicarnos la vida en busca de la tan ansiada innovación. Lo más difícil es simplificar, saber qué quitar sin estropear lo que tenemos, reconocer la esencia de las cosas. Esa debe ser siempre la primera premisa de la innovación. Esta no solo surge del profesorado, también puede surgir de los alumnos y de las familias, pero para que así sea no podemos olvidarnos de la primera y más valiosa innovación:

INNOVACIÓN = ojo + oreja + boca + corazón
INNOVACIÓN = observar + escuchar + dialogar + sentir

Te animo a confiar en esta innovación, merece la pena creer en esas cosas que parecen diminutas y que causan emociones y cambios gigantescos. Y nunca olvides que toda innovación requiere tiempo y paciencia.

Escuelas «banda de jazz»

Si analizamos el funcionamiento de una banda de jazz, nos daremos cuenta de que una escuela creativa debería funcionar igual que lo hacen estas bandas. Cualquier escuela puede convertirse en una banda de jazz, pero para ello es imprescindible disponer de paciencia y darle tiempo al tiempo, no forzar las cosas ni buscar atajos.

Para entender este capítulo es necesario sustituir varios términos musicales por otros términos educativos:

- Líderes - docentes.
- Músicos - alumnos.
- Banda - escuela.

- Partituras - libros.
- Música - aprendizajes.

¡Empecemos!

Líderes - docentes

Las bandas de jazz tienen líderes. Líderes que tratan con respecto a sus músicos y que son un miembro más de la banda. Líderes que dan espacio y tiempo a cada músico para que pueda expresarse de manera propia y con creatividad. Líderes que saben escuchar para conseguir un ritmo vivo y bailable llamado swing. Líderes que tienen la bella oportunidad de destacar lo mejor de cada músico y hacerlo aflorar.

Música - aprendizajes

El sonido de estas bandas es la suma de todos los instrumentos. Suma que se produce cuando músicos y líderes son capaces de escucharse y de respetarse, de transmitir buenas vibraciones colectivas y de hacer que coexistan de manera armoniosa varias voces e instrumentos. Si esta suma tiene lugar, conseguiremos una música versátil, libre, democrática y en continua evolución. Una música donde el fraseo (organización expresiva de la música) estará presente para expresar la creatividad y la emoción particular de los músicos.

Partituras - libros

Las partituras ocupan un lugar secundario en el jazz. El jazz aporta un patrón y unas líneas genéricas amplias que articulan la creatividad y la innovación de la banda. Esto permite que cada músico encuentre su espacio para expresarse sin imposiciones, disfrutar de su talento y compartirlo con los demás.

Músicos - alumnos

Todos los músicos de una banda de jazz tienen algo que aportar, todos son inteligentes de alguna manera. Interactúan y trabajan en equipo, disfrutan de una libertad individual basada en el compromiso hacia el grupo. Son músicos capaces de escribir la partitura mientras tocan, capaces de utilizar su creatividad para improvisar y solucionar problemas. Estos músicos saben que tienen libertad para expresarse y entienden muy bien esa libertad a través de una frase común en el mundo del jazz y en las escuelas creativas: cómo puedo yo ser yo sin impedir que tú seas tú.

Estas escuelas creativas, estas escuelas «banda de jazz» tienen los pies en la tierra y la cabeza en las estrellas. Se enfrentan a la realidad de cada momento histórico viviéndola como un desafío.

- Son escuelas que impregnan el currículo de innovación y de creatividad.
- Son escuelas que huyen del «siempre se ha hecho así». Lo hacen porque saben que sin utopía y sin sueños no hay progreso; porque una utopía, un sueño, es un punto de referencia en el horizonte, un faro que puede iluminar muchas oscuridades.
- Son escuelas donde lo importante no es saber muchas matemáticas o mucha lengua, sino saber hacer comprensible el mundo a través de las matemáticas o a través de la lengua. ¿Y por qué no a través de otras asignaturas como música, educación física o plástica?
- Son escuelas optimistas y que ríen.

- Son escuelas que amplían su zona de confort y buscan sin cesar el *elemento* de sus alumnos.
- Escuelas que saben que es más valioso el pasito que da todo el equipo que la zancada solitaria de alguno de sus componentes.
- Escuelas que caminan y que tienen claro que una sola zancada, aunque solo sea una, les llevará más lejos que ninguna.
- Son escuelas que innovan y sueñan con que sus alumnos alcancen las estrellas, sus estrellas.
- Son escuelas que aspiran a que sus alumnos se vayan con la cabeza llena de conocimientos, con las manos repletas de competencias y con el corazón más grande aún.

Tú y tus tu

A veces, sintetizar la información hace que esta sea fácil de asimilar y de aplicar.

Este es un apartado breve en el que comparto catorce reflexiones sencillas y directas que requieren de tiempo, de nuestro tiempo, y que nos permitirán reflexionar, pensar, tomar decisiones y actuar.

Son catorce reflexiones con un gran trasfondo que todo docente o padre debe ver y valorar.

1. Cada cosa a su tiempo, y tiempo para todas las cosas.
2. Escucha dos veces, habla una.
3. Ponte las gafas positivas. ¡Hay tantas cosas buenas en tus alumnos e hijos!
4. Para llegar a sus cabezas, pasa antes por la puerta de su corazón.
5. Educar es comprender sus estados de ánimo: sus alegrías, sus llantos, sus risas, sus miedos...
6. Si tú te cansas, ellos también. Si tú te aburres, ellos también.

7. Igual que tú tienes malos días, tus alumnos e hijos también pueden tenerlos.
8. Ser docente o padre es estar en un estado permanente de generosidad y de disposición.
9. El «café igual para todos» no vale.
10. Corrige sus errores sin olvidarte nunca de elogiar sus aciertos.
11. Confía en ellos para que ellos confíen en sí mismos y en los demás.
12. Guíalos y supervísalos para que naveguen por internet sin meterse en *charcos*.
13. Con diez elogios te ahorrarás cien prohibiciones.
14. Mide el tiempo por las necesidades de tus alumnos e hijos, no por el reloj.

La educación necesita tiempo. ¿Cuál es el mejor regalo que como docente o como padre puedes hacer a tus alumnos o hijos? Aquí te dejo la respuesta:

¿EL MEJOR REGALO?

Tú y tus *tu*.
Tu tiempo.
Tu escucha.
Tu afecto.
Tu sonrisa.
Tu ejemplo.
Tu presencia.

Nuestros alumnos e hijos necesitan menos cosas, menos tecnología, y más escucha y compañía.

EMOCIONES

A continuación, toca abrir el cuarto bote de purpurina, el bote EMOCIONES.

De qué sirve que un niño sepa colocar Neptuno en el universo, si no sabe dónde poner su tristeza o su rabia.

JOSÉ MARÍA TORO

En los centros educativos existen muchos intercambios interpersonales entre todos los miembros de la comunidad educativa; contactos que dejan huellas emocionales.

Procuremos que esas huellas sean dulces para que todos, nuestros alumnos, las familias y nosotros, nos sintamos mejor. Con huellas emocionales amargas e impregnados de emociones negativas y de malestar no se puede innovar, no se puede educar bien, no se puede hacer nada de manera óptima.

Que nuestros alumnos e hijos no crezcan nunca
anhelando nuestro reconocimiento y nuestros abrazos;
nuestro interés y nuestra presencia;
nuestros límites y nuestras enseñanzas;
nuestras tardes en el parque
y nuestros paseos por la montaña;
nuestra atención y comprensión;
nuestras palabras y miradas.

¿Destapamos este bote? ¡Vamos a ello!

Pintar sueños y sonrisas en las caras tristes

Hay un gran pintor al que admiro, se llama Alejandro Vargas, y tengo la suerte de que sea mi suegro y el abuelo de mis hijas. Atesoro con mucho cariño una fotografía en la que aparece enseñando a pintar a mis hijas, Amélie y Juliette, guiándolas y dejándolas ser en este apasionante mundo que desde pequeñas observan en su día a día.

Para comenzar este capítulo, con vuestro permiso, voy a compartir lo que dos buenos y grandes amigos dicen de él. Lo comparto por el regalo que suponen estas palabras para cualquier lector, por el regalo que supone para mí traer aquí a dos grandes referentes de nuestra cultura y a dos personas espléndidas que la vida ha tenido a bien regalarnos.

> Entren ustedes en un bosque con los ojos cerrados. Ábranlos lentamente. Permanezcan, por favor, en silencio. Verán y no verán. Se habrá producido una desaparición de la perspectiva y una identificación en los límites de los cuerpos vegetales. Las luces y las sombras hierven y se penetran; quizá con violencia, quizá con dulzura, pero siempre, compruébenlo, la naturaleza está ahí, revelando los increíbles, los ocultos colores de la selva, los prismas secretos de la materia. Si han conseguido apresar este instante, están ustedes dentro de un cuadro de Alejandro Vargas.
>
> Antonio Gamoneda (premio Cervantes)

> Al igual que admiro las calidades del alma de Alejandro Vargas, admiro las de su pintura, que son las mismas. Porque ella es el propio Vargas o, mejor aún, el fondo auténtico de él mismo.
>
> Ángeles Caso (premio Planeta)

Pues bien, cada vez que veo a Alejandro pintar, pienso que los maestros somos pintores que ayudamos a nuestros alumnos a pintar sus sueños y a trazar sonrisas en las caras tristes. También pienso que si educamos como él pinta, como él sujeta y desliza sus pinceles, estaremos contribuyendo a mejorar la educación y con ella el mundo.

Les ayudamos a pintar sus sueños dejándoles ser, dejándoles pintar su propio cuadro con los colores que ellos elijan y respetando su curiosidad, su estilo y su manera personal de pintar, de trazar y de crear.

Sin curiosidad, no existe aprendizaje; la necesitamos porque a través de ella llegamos a la creatividad. Entendiendo la creatividad como una actitud ante la vida que requiere que los docentes y los padres hablemos menos y escuchemos y observemos más. Hay algo en estas dos palabras que debe alegrarnos: la curiosidad y la creatividad se transmiten de manera bidireccional. Los educadores podemos transmitirlas y generarlas en nuestros alumnos y, a la vez, ellos en nosotros para que también sigamos pintando nuestros sueños.

Les ayudamos a trazar sonrisas en las caras tristes haciendo de los colegios sitios donde docentes, alumnos y familias puedan ser ellos mismos; espacios en los que todos nos sintamos queridos y valorados. Para ello, no tenemos más que empezar a hacer una serie de regalos inmensos y muy baratos: sonrisas, palabras, abrazos, apretones de manos, miradas, gestos...

Otro gran regalo que podemos ofrecer y a la vez regalarnos es la empatía, pero no como solemos entenderla normalmente: «La empatía es ponerse en el lugar del otro». ¡No! Eso es traslación: tú ven para aquí, que yo voy para allá. Realmente, la empatía es la mejor manera de hacer turismo por otras personas: de ver con otros ojos, de sentir con otros corazones, de pensar y entender con otros cerebros, de tocar con otras pieles, de escuchar con otros oídos y de hablar con otras bocas. Si llenamos los colegios de estos grandes regalos, estaremos trazando y enseñando a dibujar a nuestros alumnos e hijos una vida mejor, su vida.

Si conseguimos que el ambiente de nuestro centro educativo o de nuestro hogar sea empático, de ahí a la Luna y vuelta; si no lo conseguimos, nada de lo mucho que podría ser posible será realidad.

Construyamos puentes

Siempre he creído en la necesidad de construir puentes que nos ayuden a avanzar y a superar las distancias; puentes diferentes como las personas que los construyen; puentes de cimientos firmes y profundos; puentes emocionales, familiares y sociales.

Pero... ¿qué nos impulsa y permite construir puentes? Una sola cosa: la confianza. Existen muchos verbos que pueden transformar la educación y el mundo. Sin duda, dos de ellos son creer y confiar. Cuanta más confianza mostramos, más recibimos a cambio. En el siguiente capítulo hablaremos más sobre este importante sustantivo, «confianza».

Hablo en todo momento de puentes analógicos, de los de verdad, de aquellos que nos permiten potenciar los vínculos de la comunidad educativa para conseguir el desarrollo personal y social de cada alumno e hijo. Hablo de puentes por los que uno puede pasear, abrazar con los ojos y mirar con el corazón. Puentes afectivos, puentes efectivos.

Los puentes unen, y educar es unir: unir el corazón con la cabeza, la teoría con la práctica, la escuela con el entorno y las familias y la enseñanza con el aprendizaje; el unirse con uno mismo para poder hacerlo con los demás.

Todo lo que las familias tiren sobre el tejado de los centros educativos caerá sobre la cabeza de sus hijos, y todo lo que los docentes tiren sobre el tejado de los hogares caerá sobre la cabeza de sus alumnos. ¿Entonces? Unidos, aliados y comprometidos, ese es y será siempre el camino.

Los docentes y los padres estamos muy preocupados por que nuestros alumnos e hijos adquieran conocimientos y competencias. Esta preocupación nos aleja y no nos deja caer en la cuenta de que, queriendo sin querer, les estamos enseñando otras cosas realmente importantes que terminan en «RSE».

¡Qué importante es ese uniRSE y qué importante es empezar a construir puentes enseñando a nuestros alumnos e hijos el **«RSE+»**!: a escuchaRSE, a quereRSE, a comprenderRSE, a valoraRSE, a motivaRSE, a hablaRSE, a perdonaRSE, a buscaRSE, a encontraRSE, a escribiRSE, a leeRSE, a sentiRSE...

Cuando avanzas en la vida, te das cuenta de que tus problemas son vitales, no curriculares. Por esta razón, cobra importancia este «RSE», ya que en algún momento todos necesitaremos diferentes herramientas y estrategias para afrontar y superar dificultades que están presentes en cualquier vida.

Para desarrollar de manera correcta en nuestros hijos y alumnos cualquier aspecto cognitivo, primero hay que preocuparse y cuidar su aspecto afectivo.

En tiempos de muros, construyamos puentes.

Educar es cosa del corazón

Para educar, hemos de mirar a nuestro corazón y al de nuestros alumnos, porque educar es cosa del corazón. Es ahí, en los corazones, donde se hallan el poder y la fuerza necesarios para transformar el mundo. Es ahí donde se esconden los miedos y los sueños. Es ahí donde debemos llegar.

Si queremos alcanzar la cabeza de nuestros alumnos o hijos para que adquieran conocimientos y desarrollen competencias, no podemos olvidarnos de pasar antes por la puerta de su corazón. Es ahí donde realmente se comprenden las cosas.

No nos conformemos con pasar por delante de nuestros alumnos o hijos. Intentemos pasar por dentro de ellos, procuremos convertirnos en grandes viajeros, y, todos los cursos, hagamos turismo de interior para visitar sus corazones.

Visitemos su corazón:

- Para impregnarlo de un espíritu indagador y para que tengan amplitud de miras.
- Para que se encoja, se estremezca, grite y actúe ante las injusticias.
- Para que descubran sus capacidades escondidas y las desarrollen.
- Para contagiar el deseo de aprender y alimentar sus pasiones.
- Para que aprendan a juzgar sin dejarse llevar por analogías superficiales.
- Para que sepan lidiar con la adversidad y coger las riendas de su vida.
- Para que descubran la importancia de ayudar y de servir a los demás, la importancia de proteger al desamparado.
- Para que nunca se marchite y no se llene de maleza.
- Para que siempre se siembre, se abone y se riegue; para llenarlo de color, luz y vida.
- Para que sean capaces de llegar al corazón de los demás y que siempre lo hagan en son de paz.

No es una tarea fácil convertirse en turistas de corazones, ya que requiere que nos demos para poder oír sus latidos, leer sus miradas, escuchar sus palabras, sentir sus miedos, acariciar sus sueños, abrazar sus penas, ahuyentar sus fantasmas, celebrar sus alegrías, vestir su piel, borrar sus prisas, apagar su ruido, encender su música, fortalecer sus alas, coser sus cicatrices...

Busquemos el camino para ir a nuestros alumnos e hijos, sin esperar a que ellos vengan a nosotros.

Si, como dije antes, educar es cosa del corazón, entonces educar es respetar la individualidad y la autonomía de los demás; educar es abrigar sus sueños y destapar sus miedos; educar es alimentar sus talentos y sus pasiones; educar es confiar en sus capacidades; educar es regar su independencia y cimentar su confianza.

Copérnico revolucionó la astronomía poniendo el Sol en el centro de nuestro sistema planetario y proponiendo un retorno a la simplicidad ante el sistema ptolemaico que lo complicaba todo. Resulta que, bajo mi punto de vista, la educación precisa que se inicie cuanto antes una revolución copernicana que nos retorne a la simplicidad y a la verdadera esencia que se desprende de la palabra «educar». Una revolución que ponga el corazón en el centro, que convierta la escuela en regazo y en abrazo para el niño. A partir de ahí, todo lo demás.

Sentirse para hacer sentir

Un buen docente o un buen padre necesita sentirse para hacer sentir a sus alumnos o a sus hijos. Sentirse seguro, esperanzado, alegre, optimista y motivado. Si algo tengo claro es que las personas necesitamos a las demás personas. Son muchas las ocasiones en las que pensamos que para sentirnos de esta manera dependemos siempre de los demás, y es verdad que en ocasiones es así, pero la mayoría de las veces dependemos de nosotros mismos, de nuestra actitud, de nuestra mirada ante las cosas... Todo cambio debe partir de cada uno, y el objetivo es llegar a ser la mejor versión de nosotros mismos para ofrecérsela a nuestros alumnos e hijos y a nuestros compañeros y familiares.

He intentado pensar qué es lo que me hace sentirme esperanzado, seguro, alegre, optimista y motivado. La verdad es que esta reflexión ha sido difícil y algo desordenada. Así que aquí comparto contigo lo que a mí me hace sentirme y lo que me permite que intente hacer sentir a mis alumnos y a mis hijas.

Me siento cuando...

- Transformo las emociones negativas en algo positivo.
- Soy consciente de que tengo miedo y decido qué hacer con él.
- Sé que sé hacer más cosas de las que pensaba y que a mis alumnos les ocurre lo mismo.
- Confío en los demás y ellos en mí.
- La empatía está presente en todas mis clases y en el día a día.
- No me complico la vida y dejo de refunfuñar.
- Disfruto de mis talentos e intento que mis alumnos e hijas descubran los suyos.
- Escucho para respetar y comprender, no para criticar ni cuestionar.
- Me trato bien a mí y a los demás. Porque el mundo necesita caricias.
- Pienso en positivo.
- Aprendo de mis alumnos y de mis hijas.
- Juego y aplico el humor a lo cotidiano.
- Soy agradecido y me alegro por los logros de los demás.
- De repente, me doy cuenta de que el mundo de verdad es el de los niños, lleno de color y alegría. De que su mundo me salva en muchas ocasiones del mundo adulto. De que sus (son) risas limpias purifican el aire que respiramos y nos descontaminan.
- Descubro cuáles son las creencias limitadoras que me impiden avanzar.
- Cambio el yo, yo, yo por el nosotros, nosotros, nosotros.
- Soy capaz de gestionar lo que me sucede y controlo lo que digo y cómo actúo.
- Busco soluciones en vez de culpables.
- Hablo de los problemas para solucionarlos. Ni los ignoro ni los evito.
- Robo algunos minutos al día para soñar, siendo consciente de que los sueños se cumplen pasando a la acción.

- En esos sueños me doy cuenta de que todos tenemos alas invisibles.
- Consigo hacer al menos una de estas cosas cada día.

Es imprescindible que sepamos que podemos elegir cómo queremos sentirnos en el colegio, en nuestra casa, con nuestros compañeros, con nuestros familiares y con nuestros alumnos e hijos.

Para educar en inteligencia emocional, es muy importante trabajar en nosotros todo aquello que queremos transmitir; de lo contrario, no será posible. Es fundamental hacerlo por el simple hecho de que, cuando un niño o un adulto está mal emocionalmente, no puede estar bien académica o intelectualmente. Lo primero es la persona, y luego todo lo demás.

Hay que dar voz en la escuela y en el hogar a las emociones de los niños, a sus preocupaciones, a sus inquietudes, a sus miedos. Hay que escucharlos de verdad.

Es decisión nuestra. Si ponemos pasión y amor en lo que hacemos, lograremos sentirnos, contagiaremos a los demás y haremos que ellos también se sientan y hagan sentir a otros. Al final, conseguiremos un colegio y un hogar por el que fluya la vida y la alegría.

Que sepan mucho, pero, sobre todo, mucho sobre sí mismos

Me pinto
a mí misma,
porque soy
a quien mejor
conozco.

FRIDA KAHLO

Hace tiempo me di cuenta de que llevaba varias semanas con una idea rondando por mi cabeza de manera insistente. Una idea que ha propiciado esta reflexión y que está basada en tres interrogantes:

1. ¿Sabemos quiénes somos?
2. ¿Saben nuestros alumnos e hijos quiénes son?
3. ¿Podemos ayudarlos?

Quiero que mis alumnos y que mis hijas sepan mucho, pero, sobre todo y en primer lugar, mucho sobre sí mismos.

Nuestra historia comienza cuando somos capaces de sentir lo que está ocurriendo en nuestro interior. Como docentes y padres, debemos ayudar a nuestros alumnos e hijos en su viaje hacia *sí mismos*, pero, para ello, antes debemos realizar ese viaje hacia nuestro interior.

He intentado plasmar mi viaje con palabras y así es como lo he sentido:

Cansado de preocuparme, preocupado por despreocuparme.

Nos preocupamos por conocer a la perfección a quienes nos rodean y, a la vez, nos despreocupamos de conocernos.

Nos preocupamos por lo que los demás puedan pensar de nosotros y, a la vez, nos despreocupamos de lo que nosotros pensamos de nosotros mismos.

Nos preocupamos por encontrar ese lugar que nos haga disfrutar y, a la vez, nos despreocupamos de hallar ese rincón interior que nos permita sentirnos en paz.

Nos preocupamos por los asuntos superficiales que invaden nuestras vidas y, a la vez, nos despreocupamos de los asuntos vitales que tienen lugar en nuestro interior.

Nos preocupamos por lo que puedan hacernos nuestros supuestos enemigos y, a la vez, nos despreocupamos de controlar a nuestro peor enemigo: nosotros mismos.

Nos preocupamos, vigilamos y señalamos lo que los demás hacen y, a la vez, nos despreocupamos de ser, hacer y sentir.

Nos preocupamos por el ayer y por el mañana y, a la vez, nos despreocupamos de ese momento llamado ahora.

Nos preocupamos, cotilleamos y hasta criticamos las relaciones de los demás y, a la vez, nos despreocupamos de nuestra relación con nosotros mismos.

Nos preocupamos por todas nuestras preocupaciones y, a la vez, nos despreocupamos de ocuparnos más con utilidad y profundidad.

Nos preocupamos porque no nos escuchan y, a la vez, nos despreocupamos de escuchar de verdad a los demás.

Nos preocupamos mucho por nuestros errores y, a la vez, nos despreocupamos de asustar a nuestros miedos.

Nos preocupamos demasiado por las cosas que cuestan mucho dinero y, a la vez, nos despreocupamos de dar valor a las que, sin costar nada, valen mucho.

Nos preocupamos por las opiniones de los demás y, a la vez, nos despreocupamos de cuál es nuestra propia opinión.

Nos preocupamos por cuidar nuestro exterior y, a la vez, nos despreocupamos de hacer lo mismo con nuestro interior.

Nos preocupamos por encontrar a nuestra media naranja y, a la vez, nos despreocupamos de encontrarnos a nosotros mismos.

Nos preocupamos por querer agradar y por ganarnos a todo el mundo, y, a la vez, nos despreocupamos de que solo puedes ganarte a ti mismo.

Nos preocupamos por los *nuncas* y, a la vez, nos despreocupamos de los *siempres*.

Nos preocupamos por lo que hacemos y, a la vez, nos despreocupamos de hacer lo que sentimos y de sentir lo que hacemos.

Nos preocupamos por las oportunidades que no alcanzamos y, a la vez, nos despreocupamos de que la oportunidad somos nosotros.

Nos preocupamos por el viento que sopla y, a la vez, nos despreocupamos de ajustar las velas.

¿Cómo podemos ayudar a nuestros alumnos e hijos en su viaje? Pues así:

- Ayudándolos a valorar la importancia de las frases que acabas de leer y guiándolos para que aprendan a pintarse a sí mismos.
- Convirtiendo todos los «nos despreocupamos» en ocupaciones importantes y vitales para conocernos mejor y para ayudar a nuestros alumnos e hijos a descubrirse y a saber de verdad quiénes son.

Las máquinas no tienen regazo

Las máquinas carecen de regazo y de la ternura que todo niño necesita cuando aprende, cuando crece. Por este motivo, los maestros nunca podrán ser sustituidos por una máquina. Si los docentes no tenemos claros cuáles son los verdaderos fundamentos del acto educativo, es muy probable que la tecnología nos haga olvidar que es más importante entender alguna cosa que poder acceder a todas ellas.

Vivimos en una época que nos llena los ojos, pero no el estómago y la cabeza. Nosotros, como docentes, como padres, debemos abrir el pensamiento de nuestros alumnos e hijos y hacerles comprender lo que ven. Al final, lo esencial es que el niño interiorice uno de los aprendizajes más importantes que puedes darle: que estás a su lado.

Sin regazo, sin ternura, este aprendizaje no sería posible. Para terminar este breve apartado, me gustaría compartir una frase de Pere Marqués: «La magia de la pizarra digital... la pones tú».

Pues lo dicho, la tecnología no hace magia. La magia la ponemos nosotros, docentes y padres.

El mayor y el mejor recurso para educar, el recurso por excelencia, el recurso estrella, siempre siempre siempre serás tú.

Vitaminas para la vida

Siempre me he imaginado a todo docente y a todo padre como una especie de boticario que aporta a sus alumnos e hijos vitaminas para la vida que los ayudan a crecer. Estas vitaminas son fundamentales y les permiten sentirse más seguros y confiados, desarrollarse mejor y generar emociones positivas.

No podemos olvidar que para educar a un alumno o a un hijo seguro y feliz es indispensable educar primero esa seguridad y felicidad en nosotros. No tendríamos que presentar carencia de ninguna de las vitaminas de las que en breve vamos a hablar.

A la hora de despachar estas vitaminas es interesante acordarnos de la frase de Anthony de Mello: «Todo lo que das a otros te lo estás dando a ti mismo».

El objetivo principal de estas vitaminas es que cualquier persona intente llegar a ser la mejor persona que pueda ser.

Nunca olvides las vitaminas para la vida en vuestras clases y en vuestros hogares. Sé que la nomenclatura de alguna de ellas no existe, pero, aun así y con tu permiso, me permito la licencia de inventármelas. Estas son:

- Vitamina **A**: afecto, amor, atención, apoyo, alegría.
- Vitamina **C**: comprensión, cariño, cercanía, creatividad, corazón.
- Vitamina **D**: dedicación, dulzura, diversión.
- Vitamina **E**: emoción, escucha, estímulo, expectativa, empatía.
- Vitamina **T**: tiempo.
- Vitamina **P**: presencia.

Enseñamos, sí, pero, sobre todo, educamos

Sé que respecto a este tema existen diferentes opiniones. En este capítulo solo reflexiono y me posiciono, y me muestro siempre abierto a debates constructivos que nos permitan aprender y ver con otros ojos.

Un buen docente o padre enseña, ¡sí!; pero, sobre todo..., ¡educa!

¿Por qué?

Porque, como ya dije en otro capítulo, en un mundo que en muchas ocasiones deseduca, en la familia y la escuela no podemos permitirnos el lujo de no educar juntos, en equipo.

¿Para qué educamos? ¿Para qué deberíamos educar?

- Educamos para que encuentren su camino. Para que sean capaces de descubrir aquello en lo que son buenos y que les hace vibrar.

- Educamos para que sepan vivir en una sociedad con historia, con memoria, con presente y con futuro.
- Educamos para que conozcan y cuiden su entorno; para que comprendan que esquivar a las hormigas y a los caracoles es una obligación del ser humano.
- Educamos para que logren defenderse en su vida diaria y en su vida futura. Para que paren los pies a quien pueda abusar o aprovecharse de ellos.
- Educamos para que sean capaces de discernir y de seleccionar la información que reciben de forma constante.
- Educamos para que disfruten y valoren su mundo offline y para que naveguen con seguridad por el mundo online.
- Educamos para que aprendan a expresarse, para que sepan decir lo que sienten, lo que hacen, lo que necesitan.
- Educamos para que conozcan su cuerpo y para que aprendan a cuidarlo; para que vean lo importante que es respetarlo y hacer que otras personas lo respeten.
- Educamos para que descubran, valoren y disfruten del arte, de la ciencia y de las letras en todas sus formas.
- Educamos para que se conozcan, se valoren, se quieran y se respeten; para que, de esta manera, puedan hacer lo mismo con las personas que tienen y tendrán a su lado.
- Educamos para que no se conviertan en esclavos de la tecnología y para que la utilicen de manera responsable y adecuada.
- Educamos para que comprendan que en la vida sí se puede brillar, pero que nunca deben hacerlo si ello supone apagar a otros.
- Educamos para mostrarles el mundo desde distintas perspectivas y para fomentar el pensamiento crítico.
- Educamos para ofrecerles cauces que los ayuden a pensar, a investigar, a confrontar con otros sus ideas, a llegar a acuerdos y a aprender de los errores.
- Educamos para que sean capaces de identificar las injusticias, para que puedan ponerles nombre y reaccionar ante ellas.

- Educamos para dejar que cada alumno sea quien es.
- Educamos para que nunca les deje de doler el dolor ajeno; para que nunca normalicen el hecho de ver a una persona buscando comida en la basura.
- Educamos para que su corazón no deje de estremecerse ante el sufrimiento del otro y para que no reine la indiferencia hacia los problemas de los demás.
- Educamos para que se conviertan en personas capaces de llorar con las tristezas de otros y de reír con la alegría de los demás.

¿Cómo y cuándo educamos?

- Educamos en equipo, y este es nuestro equipo, el mejor equipo: familia + escuela + entorno.
- Educamos incluso cuando no pensamos que estamos educando; educamos con nuestras palabras, con nuestros gestos, con nuestras acciones y con nuestro ejemplo. Importa mucho más lo que eres y lo que haces que aquello que dices a tus alumnos o hijos. ¡¡¡Educamos!!!

Pon los ojos en ti mismo

Existen muchas riquezas en el mundo, pero ninguna de ellas es comparable con la diversidad de pensamiento, con el hecho de que ninguno de nosotros es igual a los demás. La manera en la que nosotros y nuestros alumnos e hijos se enfrentan a este simple hecho va a provocar que se desencadenen diferentes emociones que debemos comprender y acoger.

Lo que me preocupa y que he experimentado en primera persona es ver cómo esa riqueza se convierte en una de las mayores pobrezas humanas. Activamos con facilidad el espíritu crítico gracias a un automatismo cerebral que nos lleva a ello. El problema no es el espíritu crítico en sí, que considero positivo y necesario; el problema es que esa crítica suele centrarse en la valoración negativa de otra persona, de un hecho o de una situación simplemente porque no encajan con nuestra visión y con nuestra forma de entender el mundo. Entonces nos convertimos en auténticos pistoleros que disparamos rápidamente ante la crítica pertinente. Lo hacemos sin pensar, sin un mínimo análisis previo y sin eso que tanto pedimos a nuestros alumnos e hijos: sin empatía.

Yo me he cansado de malgastar gran parte de mi vida analizando los defectos de los demás; con los míos ya tengo bastantes. Me he cansado de la crítica destructiva que nos perjudica psíquica e intelectualmente.

En educación, como en otros muchos campos, desconocemos el verdadero significado de la palabra «crítica». Proviene del verbo griego *krino*, que significa «valorar», «juzgar». Su etimología nos tiene que hacer entender que criticar no es hablar solo de aspectos negativos, sino que también es valorar los aspectos positivos.

Creo que uno de los factores que nos lleva a la crítica tóxica es la gestión que hacemos del tiempo:

- No tenemos tiempo para oírnos, pero sí lo tenemos para desoírnos.
- No tenemos tiempo para reunirnos unos minutos, pero sí lo tenemos para discutir.

Si queremos que nuestros alumnos e hijos tengan un espíritu crítico equilibrado y justo, debemos empezar por tenerlo nosotros. Yo intento conseguirlo de la siguiente manera:

- Expresando mis necesidades mediante peticiones claras, en vez de con quejas, reproches y exigencias.

- Intentado entender las necesidades de los demás, aunque me lleguen en forma de reproches o exigencias.
- Aprendiendo a escucharme para aprender a escuchar a los otros.
- Expresando mi desacuerdo sin ataques ni recriminaciones.
- Oyendo el desacuerdo de los demás sin sentir rechazo ni agresión.
- Practicando la tolerancia, la comprensión, el agradecimiento y el reconocimiento.
- Reprimiendo el hábito de culpar de mis males a todo lo que es externo a mí.
- Sabiendo que de nada sirve quejarse de todo sin asumir la responsabilidad de nada.

> Pon los ojos en ti mismo y guárdate de juzgar las obras ajenas. Al juzgar a los demás se ocupa uno en vano, erra muchas veces y peca fácilmente. Juzgando y examinándose a sí mismo, se emplea siempre con buen resultado.
>
> TOMÁS DE KEMPIS

Cuando vayas a disparar una crítica, te animo a detenerte unos segundos para valorar si ese defecto que estás a punto de criticar también te acompaña. Si es así, cállate. Si no es así y consideras de utilidad lo que vas a decir, dispara con cuidado, tacto y empatía.

Si al observar a los demás solo somos capaces de encontrar sus defectos, quizá el defecto lo tengamos nosotros.

Hay demasiadas personas tratando de hacerse grandes intentando hacer a otros pequeños. Hay demasiadas personas criticando desde el sofá o desde la barra de un bar a los que salen ahí fuera a luchar. ¡No seas una de ellas!

Las mejores redes sociales: aula, parque y recreo

Nuestros alumnos no se dan cuenta de que viven en una realidad de inmediatez y de falta de reflexión. Dedican muchas horas a la televisión, a internet y a los videojuegos.

Por este motivo la escuela no es solo el lugar donde se va a aprender, sino que constituye el espacio por excelencia donde el niño se encuentra con sus iguales. Contamos para ello con las mejores redes sociales del mundo: aula, parque y recreo.

Estas redes nos aportan múltiples beneficios, como la cooperación, la competencia emocional y social, la solidaridad y el respeto por las normas. Hablamos de beneficios que otras redes sociales virtuales nunca podrán ofrecernos, ¿no te parece?

El patio del colegio es un recurso de gran importancia que hay que aprovechar como espacio pedagógico. No hay que olvidar que los niños siempre están jugando, quieren relacionarse y comunicarse. Además, estas tres redes sociales son una gran fuente de creatividad tremenda ¡y necesitamos niños creativos!

Y puestos a hablar de redes sociales, existen otras dos fantásticas que nos pueden ayudar a mejorar la educación: una en los centros educativos llamada claustro y otra en cualquier hogar llamada salón.

Menos posar, más estar.
Menos WhatsApp, más hablar.
Menos redes, más cafés.
Menos IA, más crear.
Menos Google, más leer.
Menos aparentar, más verdad.

Las otras TIC (tiempo, interés y cariño)

En este capítulo me voy a permitir una pequeña licencia y cedo el testigo, por un momento, a mi mujer, Gaëlle Vargas Le Men, también maestra y madre. Ahora es ella la que te habla, la que escribe.

Todos sabemos lo importantes que son las nuevas tecnologías aplicadas a la educación: motivan a los alumnos, facilitan algunos aprendizajes, les ayudan a aprender jugando, a seleccionar la información, a vivir en el mundo actual... Pero existen otras TIC que no hay que olvidar nunca, en ninguna situación y menos en una clase. Esas son: el tiempo, el interés y el cariño.

Nosotros, los docentes, solemos decir que tenemos el mejor trabajo del mundo por trabajar con el mayor tesoro que existe: los niños. Pero parece que en ocasiones nos olvidamos de ello y actuamos como si fuesen máquinas, máquinas de aprender, de estudiar, de repetir, de obedecer. No lo son, son personas, son la mejor selección de los seres vivos: son niños.

No son ciudadanos de segunda a los que tenemos derecho de avergonzar, castigar, someter. Si, como muchos dicen, son el futuro de la sociedad, ¿cómo queremos que actúen en ese futuro? ¿Como máquinas o con corazón? Yo prefiero una sociedad dirigida por lo segundo.

Para ello tenemos que educar con las otras TIC:

Porque nosotros y nuestros niños y niñas necesitan **tiempo**. Tiempo para jugar, para aprender, para descubrir, para ser. Un tiempo del que no les podemos despojar. La velocidad con la que los educamos y les enseñamos no siempre va acorde con la velocidad con la que se generan y se asientan los aprendizajes. Aprenden más cuando el ritmo es el adecuado. Vivimos en la época del tiempo sin espera. Parece que se rechaza todo lo que no es inmediato e instantáneo, ¿no os parece? Está claro que, para empezar a hacer algunas cosas, hay que dejar de hacer otras. Este quehacer frenético puede conducirnos a una merma de dichos aprendizajes, y eso no puede ser ni lo apropiado ni lo pretendido por cualquier centro educativo. Disminuir la marcha, dejar de cambiar constantemente de canal poseídos por el síndrome del «zapping educativo» se ha convertido, hoy en día, en un imperativo de supervivencia y en garantía de éxito.

Con **interés**, y para que haya interés tiene que haber una motivación, pero ha de ser mutua, hay que hablar el idioma de los niños para que ellos nos brinden la posibilidad de entrar en su fuente inagotable de interés. ¿Cómo hacer que se interesen por lo que les queremos enseñar? Mostrando interés, aprendiendo y disfrutando de ellos, descubriendo su mundo, conociéndolos de verdad. Buscando el camino para ir a nuestros alumnos e hijos sin esperar a que ellos vengan a nosotros.

Y con **CARIÑO**, con mayúsculas, del de verdad, del que da *abrazos calentitos* y toca el corazón. Ese cariño que te hace ver al alumno o al hijo que tienes enfrente como el niño que es, con sus temores y con sus aspiraciones. Ese alumno o hijo que ve en ti a un superhéroe o a un villano, tú eliges cuál quieres ser.

Yo quiero ser esa maestra a la que quieran contar sus vacaciones, ahora y cuando se encuentren conmigo dentro de diez años. Quiero que me busquen con la mirada y no que agachen la cabeza al verme pasar. Quiero que sepan que estoy ahí, para mates y para la vida.

Ahora, y para finalizar este capítulo, vuelvo yo para deciros que cuánto cambiarían las cosas si cambiáramos el típico «un cachete a tiempo» por un abrazo a tiempo, un confío a tiempo, un te quiero a tiempo, una conversación a tiempo, un límite a tiempo, una consecuencia a tiempo.

EDUCAR CON LAS OTRAS TIC: TIEMPO, INTERÉS Y CARIÑO

Y para compartir contigo que quiero ser padre con «p» de presencia.

Estar presente en sus buenos momentos.
Estar presente cuando lleguen sus miedos.
Estar presente para llenar su infancia de bonitos recuerdos.
Estar presente para decirles los noes y los síes necesarios.
Estar presente para encender sus ojos de ilusión y de sueños.
Estar presente en sus alegrías, en sus penas,
en sus dudas, en sus certezas,
en sus juegos y en sus silencios.
Estar presente para que, a pesar de la distancia,
me sientan siempre cerca.

CONFIANZA

Por último, ha llegado el momento de abrir el quinto bote de purpurina, un bote fundamental, el bote CONFIANZA.

Que si tú no ves mi cielo, no sabré jamás volar.

Jorge Ruiz.
«Te prometo libertad» (Maldita Nerea)

Generamos confianza confiando. Cuando alguien confía en ti, inconscientemente tiendes a confiar en los demás. La innovación tiene un techo, el que marcan nuestras expectativas. La confianza se contagia, y está demostrado que cuando alguien confía en nosotros aumentan nuestra lucidez, nuestra energía y nuestros pensamientos creativos. La confianza nos dará alas, las alas que necesitamos para innovar.

> La utopía está en el horizonte.
> Me acerco dos pasos, ella se aleja dos pasos.
> Camino diez pasos y el horizonte se corre
> diez pasos más allá.
> ¿Para qué sirve la utopía?
> Para eso sirve: para caminar.
>
> EDUARDO GALEANO

Innovar no es una utopía, innovar es caminar.

¿Caminamos juntos?

Empecemos practicando la mayor innovación atemporal que existe y de la que ya hablamos: querer al alumno.

Hagamos todo lo que podamos para que nuestros hijos y alumnos sean capaces de valerse de sus facultades.

Hagamos todo lo que esté en nuestras manos para que logren hacer realidad aquellas posibilidades que yacen en su interior.

Hagamos todo lo posible para que nuestros hijos y alumnos alcancen el estado **CEM** (confío-creo en mí). Cuando lleguen a él, se abrirá ante ellos un mar de posibilidades y de aprendizajes.

¡Abramos juntos el último bote de purpurina!

Método TCA (técnicas de conocimiento del alumnado)

TIC, TAC, TEP, RRI, PGA, PAT, PEC, AC, TDAH, LOMLOE... Muchas siglas y abreviaturas en nuestro día a día, pero quizá falte una que nos lleve a conocer y a conectar con nuestros alumnos e hijos para aumentar su motivación y su autoestima.

El método TCA (técnicas de conocimiento del alumnado) nos hace ver el poder, el valor y la importancia de las relaciones y de las conexiones que establecemos con nuestros alumnos. Cada alumno se merece tener un maestro que siga el método TCA para conectar y creer en él. Cada alumno se merece tener detrás de él a un maestro que confíe en sus posibilidades y que desee que se descubra a sí mismo.

Si queremos generar aprendizajes significativos, primero tendremos que establecer relaciones significativas. Está claro que los niños no aprenden de las personas que no les gustan, ni de las personas que no los quieren. Un alumno o un hijo invisible para su profesor o padre no aprende ni se desarrolla plenamente.

El principal objetivo del método TCA es hacernos caer en la cuenta de que algunas cosas simples y cotidianas son vitales para que los niños estén motivados, para que confíen en ellos mismos, aprendan y sean felices.

¿En qué se basa el método TCA? En intentar hacer algunas de estas cosas simples:

- Tratar de entender antes de ser entendido.
- Escuchar antes de hablar.
- Ser empáticos.
- Interesarse por ellos: «¿Cómo te sientes?», «¿Estás bien?», «¿Qué te ha pasado?».
- Dar valor a sus sentimientos para que forjen una autoestima sana.
- Implicarlos y hacerlos protagonistas.
- Aceptarlos tal y como son y evitar comparaciones.
- Transformar la comunicación negativa en positiva.
- Mostrarse receptivos y disponibles para ayudarlos.
- Utilizar las palabras mágicas de las que hablaremos más adelante.
- Ayudarlos a verbalizar y a gestionar sus emociones.
- Creer en ellos. Ejercer una influencia positiva mediante la expectativa.
- Disculparse cuando sea necesario.
- Reconocer y valorar sus esfuerzos, sus conductas apropiadas y su compromiso.
- Prodigar las «caricias externas»: reconocimientos, miradas, atención, sonrisas, mensajes.
- Reconocer sus avances y no solo el resultado.
- Potenciar el desarrollo de sus talentos.
- Pensar y enseñarles a pensar de forma creativa.
- Aprender y enseñar a gestionar el fracaso, y entenderlo como parte del aprendizaje.
- Inspirar, implicar, motivar, haciendo útil el conocimiento y buscando la aplicabilidad de los conocimientos en la vida real.

Para llevar a la práctica todas estas simples acciones, podemos seguir los cuatro pasos del método TCA:

1. **Estar presentes**: estar concentrados en ellos. Observarlos, escucharlos, sentirlos, entenderlos, etc. Escuchar no solo sus palabras, no solo cuando hablan; escucharlos sobre todo cuando enmudecen, cuando callan.

2. **Escoger nuestra actitud**: ¿cómo queremos sentirnos en el colegio o en nuestro hogar? Es decisión nuestra. Si ponemos amor y pasión en lo que hacemos, contagiaremos a los demás y haremos que por nuestro centro u hogar fluya vida.

3. **Jugar**: divertirnos en el trabajo y pasarlo bien aumenta la energía, nuestra motivación y la de nuestros alumnos e hijos.

4. **Alegrarles el día**: encontrar formas creativas para hacerlo. Implicarlos y trabajar para que se lo pasen bien. Centrar la atención en que todos los alumnos estén a gusto, en que se sientan seguros y confiados.

No nos olvidemos de que trabajamos con el mayor tesoro de la sociedad, los niños. Podemos *tocar la vida* de cada uno de ellos y hacerles sentir únicos.

Ser maestro o ser padre es un privilegio. Al menos, así lo vivo y lo siento yo. Enseñar no puede ser solo un trabajo, somos responsables de cientos de vidas con las que entramos en contacto cada día. Los docentes somos quienes moldeamos el futuro y los que podemos construir un mundo mejor encendiendo el fuego de la imaginación.

Si nuestros alumnos no recuerdan sus años escolares con añoranza y con una visión positiva, es que en algo hemos fallado. Tocamos vidas para siempre, escribimos y dejamos huellas en los corazones de nuestros alumnos. Por eso debemos hacerlo con esas TIC (tiempo, interés y cariño) de las que hemos hablado en páginas anteriores. Intentemos que esa huella casi siempre sea dulce, y la menor de las veces, amarga.

¡No desaprovechemos esta oportunidad!

Educación artesana

Hace ya bastantes años, cuando estudiaba magisterio, un profesor de la universidad me preguntó: «¿Qué es para ti la enseñanza?». Acababa de aterrizar en la facultad y por aquel entonces se me llenaba la boca con palabras técnicas y conceptos teóricos. Pasados los años, tuve la oportunidad de volver a ver a este profesor. Ya estaba con los pies en el aula y acumulaba unos pocos años de experiencia. Él me recordó la conversación y me volvió a hacer la misma pregunta. En esta ocasión, respondí rápida y brevemente, sin entretenerme en cuestiones innecesarias y en ninguna teoría: «Querido Ramiro, enseñar es, ante todo, y como diría Paula Freire, un acto de amor».

Así lo veo yo. Y a continuación, te resumo el resto de la conversación.

Los maestros somos sembradores que sembramos semillas en el corazón de nuestros alumnos. Es allí, y no en la cabeza, donde realmente se comprenden las cosas que nos hacen ser felices y disfrutar de la vida. Tenemos la oportunidad y la suerte de llegar a su corazón e inundarlo de alegría. Ellos, a la vez, tocan el nuestro llenándolo de algo que yo identifico como gozo.

En el interior de cada uno de nuestros alumnos e hijos hay semillas aguardando su oportunidad para florecer. Tú, maestro, y tú, padre y madre, debéis intentar ser siempre la lluvia que esperan y que necesitan para brotar.

Existen sin duda muchas semillas, pero, entre todas ellas, seis se me antojan indispensables: confianza, amor, alegría, ternura, sinceridad y responsabilidad. Nuestros alumnos tienen que saber qué semillas hemos depositado en sus corazones y que estas irán creciendo a lo largo de su vida para enseñarles una verdadera lección: de nada sirve aprender y saber mucho si luego nuestro corazón no es generoso y tierno, si hace que otros sean infelices y si no colabora para mejorar todo aquello que sienta que no es correcto.

Por estos motivos, Ramiro, considero que la enseñanza y la educación tienen que ser artesanas, cualitativas, basadas en el cuidado y en el amor.

Los sembradores debemos mimar nuestra huerta (clase, hogar), profundizar en la tierra (contenidos, conocimientos y competencias), sonreír, ser afectuosos, sembrar nuestras seis semillas mágicas y regar las plantas (corazones).

Hasta otra, Ramiro, y gracias por tus semillas.

Ayudarlos a ver su área ciega

Los docentes y los padres somos una especie de fotógrafos muy particulares. El docente o el padre fotógrafo enfoca, captura y revela. Tres sencillos pasos, tres sencillas acciones, que bien realizadas nos permitirán generar una nueva visión educativa, más centrada en el ser, en sentir, en conocer, en hacer, en emocionar y emocionarse, en vivir y en cooperar, en confiar en las posibilidades de los demás.

Tres sencillos pasos que nos harán alejarnos de la idea de que educar significa pedir a los niños que dejen de comportarse como tal para hacerlo como adultos. Tres sencillos pasos que nos harán dejar de pensar tanto en los niños para empezar a pensar más como niños.

Estos son los tres pasos de los que estamos hablando:

1. Enfocamos lo positivo e importante

¿Qué es realmente lo positivo e importante?

Sin duda alguna, los intereses, las preocupaciones y las situaciones vitales que afectan a nuestros alumnos. Entrar en la escuela debe implicar entrar en la vida y no salir de ella como ocurre en muchas ocasiones. La escuela ha de nutrirse y dar importancia a lo que el niño vive, a lo que le ocupa y le preocupa. Un docente o padre es fotógrafo porque es capaz de llenar de vida, colores y tonalidades los espacios educativos y cualquier suceso que en ellos ocurre. Porque es capaz de utilizar el zum para abrir las mentes de sus alumnos e hijos y enseñarles a amar el aprendizaje.

Los niños necesitan sentir nuestro calor, la seguridad de estar protegidos por alguien, sentirse a salvo, a gusto y felices. Hoy en día tienen de todo, y sería terrible que les faltara lo esencial.

Para conseguirlo tan solo tenemos que disminuir, como ya dije en otro capítulo, el número de ejercicios y de actividades repetitivas de los libros de texto y aumentar el número de experiencias y de vivencias; sustituir el aburrimiento y la rutina por la alegría y el asombro; fotografiar con gran esmero y profesionalidad todo aquello que es importante para los alumnos y, por lo tanto, también para nosotros; confiar en ellos y dejarles, cuando sea necesario y oportuno, fotografiar aquello que crean oportuno fotografiar.

2. Capturamos momentos muy especiales

Los docentes y los padres tenemos el privilegio de capturar momentos especiales en los que aflora la creatividad natural de los alumnos, su profunda curiosidad y su intuición innata. Existe un componente pedagógico imprescindible que es el responsable de todos estos momentos. Ese componente es simple: depositar altas expectativas en el alumnado, ver sus capacidades, confiar en las fortalezas de cada niño, ser optimistas y animarlos. Cada uno de nosotros ignoramos aspectos de nosotros mismos que los demás sí perciben; es lo que en psicología se denomina «área ciega».

Aquí es donde nuestra labor como fotógrafos entra en juego. Podemos ayudarlos a ver lo que no ven y guiarlos para que aprendan a investigar y a descubrir sus capacidades y talentos.

Mi mujer baila fenomenal y yo bailo más bien mal. Aun así, creo que todos podemos bailar, pero no todos bailaremos con la misma música ni al mismo ritmo. Algo que hay que tener siempre en cuenta a la hora de educar, ¿no te parece?

3. Extraemos del negativo un aprendizaje revelado

Si nos centramos en los intereses, en las preocupaciones y en las situaciones vitales de nuestros alumnos, y si depositamos en ellos altas expectativas, estaremos formando personas autóno mas con capacidad para pensar y decidir. El revelado hay que hacerlo con mucho cuidado y teniendo en cuenta algunos de los aspectos negativos que impiden que la escuela sea, en ocasiones, humanista. Hablo de la imposición a todos los estudiantes de un aprendizaje rutinario y memorístico, de la parafernalia didáctica de determinados métodos conductistas («la letra con sangre entra»), de la dinámica organizativa febril de muchos centros educativos, de la enfermedad de la prisa, del síndrome del «libro clavo» (esos libros de texto para todo, para todos y a todas horas), etc.

Nuestros alumnos necesitan que confiemos en ellos, que les permitamos hablar, moverse, hacer y equivocarse; haciéndoles y haciéndonos ver que es así como aprendemos.

¿Qué cámaras utiliza un maestro o padre fotógrafo?

Los maestros fotógrafos utilizamos un gran número de cámaras, entre las que destacan las siguientes: empatía, educación emocional, centros de interés de Decroly, trabajo por proyectos, autorregulación del aprendizaje, aprendizaje cooperativo, recursos creativos y tecnológicos, personalización del proceso de enseñanza-aprendizaje, gamificación, escucha, atención, paciencia, sonrisa, humor...

¿Qué hace con esas cámaras el maestro fotógrafo?

- Ayuda a que sus alumnos construyan una personalidad valiosa, autónoma, solidaria y creativa.
- Convierte el colegio en un gran estudio de fotografía repleto de espacios y contextos para la indagación, el descubrimiento, la creatividad y la cooperación.
- Llena estos espacios de vida para conseguir la implicación de sus alumnos y garantizar aprendizajes relevantes, duraderos y valiosos.
- Enseña y aprende, pero cuando enseña se centra, principalmente, en aquello que capta la atención del alumno, ya que despierta o satisface en él alguna necesidad o algún interés que le permiten evolucionar, descubrir, crear, resolver, sentir y aprender de verdad.

Un gran fotoperiodista húngaro llamado Robert Capa dijo:

Si tus fotografías no son lo suficientemente buenas, es porque no estás lo suficientemente cerca.

Un docente y un padre fotógrafos están cerca, muy muy cerca de sus alumnos e hijos.

Decía el gran filósofo griego Sófocles:

Mira y lo encontrarás. Lo que no se busca jamás será descubierto.

Eso mismo es lo que tenemos que hacer los maestros y los padres para convertir a nuestros alumnos e hijos en Michael Jordan. Mirarlos, saber ver a quién tenemos delante. Está claro que nacemos con suelo, pero sin techo.

Por eso, todos somos Jordan en algún aspecto de nuestra vida. Cualquier alumno tiene al menos una habilidad, un balón preferido con el que es capaz de sorprender a los demás. El principal objetivo de la educación tendría que ser descubrir ese balón y ponerlo en juego para que puedan conseguir puntos estrella a lo largo de su vida. Si no es así, estas habilidades caerán en el peligroso saco del desaprovechamiento y de la desmotivación.

Soy consciente de que no es nada sencillo descubrir los balones preferidos de nuestros alumnos e hijos, pero, al menos, tenemos que intentarlo, y, para hacerlo, primero hay que ver qué es lo que nos lo impide. Quizá sean algunos de estos aspectos o puede que todos ellos:

- La jerarquía de las materias.
- La obsesión por ciertas habilidades o inteligencias.
- Dependencia de determinados tipos de evaluación y de pruebas.
- Poca confianza en la creatividad e imaginación de nuestros alumnos.
- Límites estrictos de cómo se ha de enseñar y de cómo se ha de aprender.

¿Y qué podríamos hacer nosotros para convertir a nuestros alumnos e hijos en Michael Jordan?

- Esforzarnos en escuchar más que en hablar. De esta manera nos daremos cuenta de que lo importante no es lo que se mete en la cabeza de nuestros alumnos, sino lo que se extrae de ella. Si somos capaces de descubrir pronto sus talentos, estaremos multiplicando su recorrido.
- Preocuparnos y mostrar un verdadero interés por ellos. Nuestros alumnos tienen aspectos interesantes que compartir y que ofrecer. Si mostramos un interés sincero, detectaremos sus riquezas y podremos guiarlos para que las aprovechen.
- Mostrar empatía, esto es, entender sus motivaciones, sus sueños y sus esperanzas.

- Imaginarnos a nuestros alumnos triunfando. Ya conoces el efecto Pigmalión, ¿verdad?

¿Por qué es importante identificar los balones preferidos de nuestros alumnos e hijos?

Primero, por el impacto positivo que este descubrimiento tendrá en sus vidas. Segundo, por el impacto que tendrá en la vida de los demás.

¿Crees que nuestra vida sería igual si estas personas no hubieran descubierto sus balones, sus talentos?

Virginia Woolf, Steve Jobs, Beethoven, Spielberg, Pavarotti, Rodari, Shakespeare, Emilia Pardo Bazán, Cervantes, Walt Disney, Galileo, Marie Curie, Aristóteles, Miguel Ángel, Da Vinci, Mandela, Rosalind Franklin, Gandhi, santa Teresa, Einstein, Newton, Charles Chaplin, Martin Luther King, Picasso, Gutenberg, Clara Campoamor, Julio Verne, Coco Chanel, Edison, Bill Gates, Ramón y Cajal, Velázquez, Maruja Mallo, Frida Kahlo, Margarita Salas, Simone de Beauvoir, Lusia Harris, Michael Jordan...

¡Seguro que no! Todas ellas son grandes personas que han cambiado la historia de la humanidad y que algún día fueron alumnos e hijos de docentes y de padres como nosotros.

Chicles ECA (estímulo, confianza y apoyo)

Desde mi punto de vista, los proyectos innovadores tienen que partir de la iniciativa, el esfuerzo y la colaboración de todos. Los equipos directivos no deben convertirse en locomotoras que arrastran vagones sin más. No pueden ni deben diseñar y desarrollar las innovaciones en soledad. Si las iniciativas innovadoras tienen carácter jerárquico provocarán resistencias e inhibiciones. Tampoco deberíamos volvernos locos por innovar a toda costa, ya que la innovación por la innovación no es un valor.

Entiendo el equipo directivo como una fuerza capaz de hacer que todos aporten lo mejor de sí mismos. Como una especie de generador de ilusión, iniciativa y autonomía. Como un clima que hace que las plantas crezcan y florezcan. El equipo directivo ha de hacer posible la innovación proporcionando a su claustro lo que me gusta llamar chicles ECA (estímulo, confianza y apoyo).

Estímulo:

- Los equipos directivos no deben aplastar uno de los mayores tesoros de cualquier centro educativo, las iniciativas de sus docentes. Si lo hacen, corren el riesgo de provocar la indiferencia en ellos y conducir a la rutina. Es su labor valorar siempre dichas iniciativas, aunque estas, en principio, sean individuales. Es su labor también ver si dichas iniciativas se pueden extender y generalizar en otros cursos, en otras etapas o en todo el centro.
- Antes dije que los equipos directivos no lo tienen que hacer todo, pero tampoco pueden no permitir hacer nada.
- Sería necesario que estos equipos crearan un clima en el que el florecimiento de las iniciativas sea fácil y en el que se dé tiempo para intercambiar ideas, dar cauce a las discusiones, tener en cuenta las discrepancias, favorecer la decisión participada, etc.
- ¿Qué conviene estimular? Las iniciativas didácticas, la utilización de nuevas metodologías, las ideas y la creatividad, los proyectos colaborativos, la apertura al entorno, el establecimiento de alianzas, la creación de recursos y canales de difusión, los procesos de indagación investigación que surgen de las inquietudes de sus docentes, etc.

Confianza:

- El equipo directivo debe dar muestras de apertura y de sinceridad, así como garantizar la independencia de las opiniones.

- No debe someter a debate lo intrascendente e imponer lo esencial.
- Debe tener muy presente que no basta con querer y saber. Es preciso poder hacer con un margen de autonomía y de confianza suficiente.
- ¿En quién confiar? En los docentes, en sus ideas, en sus capacidades, en su creatividad...

Apoyo:

- El equipo directivo debe ser una fuerza que haga posible la transformación, que genere las condiciones necesarias y que facilite los medios para ello.
- Tiene que apoyar a los docentes facilitándoles la formación adecuada, creando un clima favorable y proporcionando la posibilidad real de autoevaluar la práctica docente, simplemente para mejorarla y no para juzgarla. Un buen clima en el centro educativo es vital y no debe depender solo del equipo directivo, sino de toda la comunidad educativa. El clima en el centro es como un castillo de naipes que cuesta mucho trabajo construir, pero que con un solo soplido se viene abajo. Sin un buen entorno, nada se puede conseguir.
- Cualquier equipo directivo tiene en sus manos la posibilidad de evitar o aminorar el rechazo global al que se enfrentan las personas que toman la iniciativa. Este rechazo global se presenta bajo las más diversas argumentaciones: «está mal planteado», «no tiene importancia», «supone mucho trabajo», «ya se hizo hace años». La iniciativa también puede ser objeto de descalificaciones personales («tiene problemas...», «desea sobresalir», «tiene obsesión por mandar», «es una persona muy/demasiado...»), o puede toparse con la indiferencia, la falta de colaboración y apoyo, las reticencias y críticas contra los posibles resultados, etc. Lo más probable es que aquellas personas que toman la iniciativa y plantean nuevos

retos solo estén pensando en cómo conseguir aumentar la motivación en sus alumnos y mejorar sus aprendizajes.

- ¿Qué apoyar? Los proyectos innovadores que surgen de las ideas y de la creatividad de los docentes.

La mayoría de los profesores soñamos con emprender proyectos nuevos que mejoren la calidad de la enseñanza, pero por unos motivos o por otros no pasamos a la acción y nuestros sueños se quedan en el plano intelectual o guardados en los bolsillos.

Los chicles ECA pueden animarnos a repensar lo que estamos haciendo y a convertir esos sueños en bonitas realidades.

Poniendo antenas

Decía ya hace mucho tiempo Paulo Freire: «Enseñar no es transferir conocimiento, es crear la posibilidad de producirlo».

Esta frase tan certera me ha hecho ver que lo mejor que podemos hacer los docentes y los padres es poner antenas en las cabezas de nuestros alumnos e hijos para que sean ellos los verdaderos protagonistas y responsables de su aprendizaje. Proveerlos de antenas con las que descubran el mundo.

En la actualidad, nuestros niños no necesitan que les demos extensas conferencias en el aula o en el hogar. Necesitan motivación, empatía y ayuda para descubrir y desarrollar sus pasiones personales.

En nuestro día a día podemos observar cómo los alumnos aprenden a *jugar a la escuela*. Perfeccionan el arte de ajustarse a los requisitos de cada maestro. El resultado de esta situación es que están más preocupados por obtener una buena calificación que por aprender. Y es una lástima que midamos el éxito mediante la capacidad para recordar información, para que sean capaces de *regurgitar* información. Les decimos qué deben aprender, cómo aprenderlo, cuándo hacerlo y cómo demostrarnos que lo han aprendido. Está claro que algo hay que decirles, pero no necesariamente ni siempre es recomendable decírselo todo.

Comparto contigo ahora siete sencillos pasos para *poner antenas*:

1. Inspirar, animar, escuchar y ofrecer perspectivas a nuestros alumnos e hijos.
2. Provocar la reflexión a través de nuestras preguntas y mediante el planteamiento de hipótesis.
3. Utilizar modelos que les permitan descifrar y resolver cuestiones relacionadas con el mundo real.
4. Permitirles ser actores críticos sobre la información, las preguntas y las respuestas.
5. Alejarnos siempre que podamos del modelo «abrimos la página 70, leemos... y contestamos...».
6. Dejar de ofrecer tantos pensamientos ya masticados y hasta digeridos.
7. Enseñarles a enseñarse y a aprender por sí mismos.

Diez sugerencias para reforzar la autoestima y la confianza de nuestros alumnos e hijos

La autoestima y la confianza en uno mismo plantan sus raíces en la infancia. Las familias y los maestros podemos ejercer una gran influencia en este sentido y hacer que esas raíces crezcan y salgan a la luz, o que, por el contrario, se queden bajo la tierra.

El mejor regalo que puede recibir un niño es que le abramos su infancia; que se la llenemos de abrazos, de sonrisas, de recuerdos y de ternura. Regalémosles una infancia a la que puedan volver cuando sientan frío o cuando perciban que su corazón comienza a congelarse.

No es fácil construir una buena autoestima. En el proceso nos enfrentamos a cuatro grandes retos indicadores de baja autoestima:

1. Las distorsiones cognitivas que nos provocan pensamientos tóxicos.
2. La obsesión por las debilidades y la falta de atención a las fortalezas.
3. La culpabilización exagerada que da lugar a la autocrítica desmesurada.
4. El bajo umbral de malestar que nos hace *saltar a la mínima*.

Lo primero que tenemos que hacer es detectar si nuestros alumnos e hijos o nosotros mismos presentamos alguno de los cuatro indicadores de baja autoestima. Si es así, debemos pasar a la acción para provocar un cambio cognitivo.

¿Qué podemos hacer?

- Guiarlos para que sean conscientes de sus conversaciones interiores, sabiendo interrumpirlas cuando detecten que no son positivas.
- Practicar con ellos nuevos patrones de pensamiento hasta crear hábitos saludables.
- Ayudarlos a ponerse las lentes positivas para combatir las distorsiones cognitivas de la realidad.
- Trabajar las fortalezas propias enviándoles mensajes que les permiten saber lo que hacen bien, en qué destacan, de qué han sido capaces, qué han conseguido...
- Mostrarles que también se puede disfrutar de los pequeños logros.

- Enseñarles a buscar soluciones a los problemas y no a añadir preocupaciones.
- Hacerles ver los errores como fuente de crecimiento; dejarles claro que el único error intolerable es aquel del que no aprendemos nada.
- Llevar a la práctica estas diez sugerencias:

1. Considerar los errores como etapas normales en el aprendizaje.
2. Transmitir más halagos que reproches.
3. Ser paciente y respetar sus ritmos.
4. Tratar con respeto y seriedad sus opiniones, sus deseos y sus decisiones.
5. Animarlos a iniciar proyectos y a llevarlos a buen puerto.
6. Incitarlos a tomar responsabilidades.
7. Creer en ellos y decírselo. Recordarles con frecuencia lo formidables que son.
8. Enseñarles a cultivar pensamientos positivos.
9. Permitirles asumir riesgos.
10. Evitar las etiquetas, los juicios definitivos y las frases condenatorias.

Los maestros y los padres desempeñamos en muchos momentos un papel similar al de los albañiles. Día a día ayudamos a nuestros alumnos e hijos a construir unos pilares fuertes y una gran escalera que les permitan alcanzar las estrellas, sus sueños, la felicidad. En nuestras clases y en nuestros hogares nunca deberían faltar los estímulos y los retos; de lo contrario, podemos convertirlos en simples coleccionistas de notas y en superadores de áreas.

Para construir estos pilares y esta escalera tan especiales, tenemos que seguir unos pasos:

- Paso 1. Conocer al alumno, sus inquietudes, sus pasiones, su sensibilidad...
- Paso 2. Captar sus potencialidades.
- Paso 3. Desarrollar sus potencialidades generando aprendizajes significativos que les permitan aplicar sus conocimientos.

Los maestros y los padres ayudamos a construir esa escalera, pero... ¿quién la sube? Ellos, nuestros alumnos e hijos. Ellos son los protagonistas de su desarrollo. Nosotros somos los encargados de que esa progresión hacia las estrellas no se detenga. Tenemos que actuar emocionalmente con preguntas, conversaciones, palabras de ánimo, confianza y con el planteamiento adecuado de retos. Es necesario que nuestras clases y las actividades que les propongamos sean dinámicas y enriquecedoras para sorprenderlos y motivarlos.

El reto no reside en exponer y reproducir contenidos, sino en formular aplicaciones prácticas que les permitan utilizar esos contenidos en la vida real y en dotarlos de las herramientas necesarias para buscar, generar y seleccionar de una manera crítica esos contenidos.

Muchas veces decimos que los niños y jóvenes de hoy en día no aceptan nuevos desafíos, nuevos retos. Estoy convencido de que, si se los presentamos con emoción y les hacemos ver lo interesantes que resultan, empezarán a subir la escalera porque sabrán que al final de ella podrán alcanzar algo útil para ellos: las estrellas, sus estrellas.

Superpoder ON (ojos de niño)

Voy a intentar compartir contigo cómo veo a mis alumnos y a mis hijas, y cómo los siento.

Tengo claro que el mayor de los superpoderes al que un adulto puede aspirar se llama ON (ojos de niño). Te invito a continuar leyendo con este superpoder activado.

Es muy importante que pensemos que todos nuestros alumnos e hijos son maravillosos, pero aún es más importante que ese mensaje se exprese y llegue a ellos. Tenemos que hacerles sentir personas realmente valiosas, superhéroes capaces de cambiar el mundo. En el momento en el que miramos a los niños como si fueran un auténtico tesoro, les estamos haciendo sentir que son especiales y excepcionales.

En todo momento y en todo lugar, debemos evitar las etiquetas inhibidoras que detienen el crecimiento, el aprendizaje, la autoestima, la confianza, los talentos y las posibilidades de nuestros alumnos e hijos.

Para conseguir ver a estos superhéroes y poder disfrutar de sus superpoderes, hay que hacer tres cosas muy muy sencillas en el aula y en casa:

1. Mirar y escuchar para encontrar lo mejor de cada niño.
2. Tener ilusión y pasión para despertar en ellos el deseo de aprender.
3. Mostrar paciencia y ternura para abrazarlos (no solo se abraza con los brazos).

Cuando llevamos a cabo estas acciones, el Efecto Purpurina se manifiesta y tiene lugar. Las otras TIC (tiempo, interés y cariño) aparecen. Como ya dije, cuando sacas la purpurina del bote ya no hay manera de volver a meterla, ¿verdad? Pues cuando sacas a la luz los superpoderes de tus alumnos, ya no hay manera de contenerlos. Brillan y se los transmiten entre ellos. ¡Se contagian!

Existen verbos que pueden transformar la educación y el mundo. Sin duda, dos de ellos son CREER y CONFIAR. Verbos que deberían enseñarse a conjugar en todas las facultades de educación antes de enseñar a enseñar cosas para que los alumnos puedan aprobar exámenes. Verbos que se deberían desayunar todas las mañanas en cualquier hogar.

Es fundamental que confiemos en nuestros alumnos e hijos, que creamos en sus capacidades de aprender y de esforzarse, en sus ganas de comportarse y hacer las cosas bien. Esa confianza solo es real cuando les damos la oportunidad de actuar con autonomía, de equivocarse, de probar, de intentarlo, de rectificar.

Está claro que la confianza requiere reciprocidad. No podemos pretender que los alumnos confíen en nosotros si nosotros no confiamos en ellos. Y creo, sinceramente, que la confianza es uno de los aspectos vitales del proceso educativo. La confianza protege, compromete, estimula, empuja y da fuerza. Nadie quiere defraudar a las personas que quiere y que le quieren. Si queremos a nuestros alumnos e hijos y ellos nos quieren a nosotros, la motivación y el rendimiento de todos aumentará exponencialmente.

En nuestras clases y casas podemos encontrar diez superpoderes. No quiero decir que todos los niños posean esas cualidades, tampoco las poseemos todos los adultos, pero a buen seguro que en un aula o en un hogar habitan todas o muchas de ellas. Si se las hacemos ver, habremos empezado a educar con ternura, esa ternura que no tiene medida y que es el ingrediente fundamental de la salsa de una clase o de una casa. La expresión del afecto hacia un corazón puro. La ternura es lo que hace que se rompa la barrera existente entre el profesor y el alumno, entre el padre, la madre y sus hijos, para formar parte de un solo medio: el del cariño y el de la comprensión. Sin ternura ni cercanía no puede haber aprendizaje. Uno no aprende de aquel al que teme, ni de aquel al que observa desde una larga distancia. El respeto no se gana poniendo barreras, se adquiere queriendo. Entonces solo tendremos que abrir bien los ojos y disfrutar del espectáculo.

Estos son los diez superhéroes de los que te hablo:

1. **PI**: pies inquietos.

2. **AC**: alegría contagiosa.

3. **RE**: risa espontánea.

4. **PI?**: pregunta ilimitada.

5. **AD**: abrazo denso.

6. **CC**: corazón cautivador.

7. **ML**: mirada limpia.

8. **CSL**: creatividad sin límites.

9. **MA**: manos amigas.

10. **BA**: búsqueda apasionada.

Hay un precepto de sir Thomas Browne que siempre comparto con mis alumnos para hacerles ver que todo lo que buscan está en su interior. Basta con mirar dentro de cada uno para encontrarlo. Te lo dejo aquí para cerrar este apartado:

Albergamos en nuestro interior las maravillas que buscamos a nuestro alrededor.

Sintonizando

No hay nada que genere más confianza que el sentimiento mutuo de sintonizar con otra persona. Como padres o como docentes, siempre debemos intentar sintonizar con nuestros hijos y alumnos para fortalecer su confianza y la nuestra.

Podríamos definir el verbo sintonizar como tener armonía y entendimiento entre dos o más personas. Un buen docente o padre sintoniza con sus alumnos e hijos para conocer quiénes son, qué quieren y qué les hace felices. Al sintonizar con sus programas favoritos (intereses, pasiones, preocupaciones, inteligencias, emociones, tiempo, creatividad y autoestima), tenemos la oportunidad real de despertar su talento, de conseguir conectar con su mundo emocional y de hacerlos sentir únicos.

Además, esta sintonización nos permitirá conocer sus capacidades y sus sueños. A partir de aquí, ¡todo es posible!

Hay siete buenas razones por las que deberíamos sintonizar con ellos:

1. Sintonizar nos permite CONOCERLOS.

2. Conocerlos nos permite INSPIRARLOS.

3. Inspirarlos nos permite IMPLICARLOS.

4. Implicarlos nos permite HACER ÚTIL el conocimiento.

5. Hacer útil el conocimiento nos permite que lo APLIQUEN A LA VIDA REAL.

6. Que lo apliquen a la vida real nos permite estimular su CREATIVIDAD.

7. Estimular su creatividad nos permite potenciar sus TALENTOS.

Saber más sobre nuestros alumnos e hijos nos ayuda a enseñarles mejor. ¡Conozcámoslos!

Por estas razones, nuestro papel más importante pasa por **sintonizar, observar, creer, estimular, potenciar, respetar y dejar ser**. De esta manera haremos que nuestros alumnos disfruten de un proceso vital para su futuro, el proceso CIDI (crear, imaginar, desarrollar e inventar).

Estado CEM (confío - creo en mí)

Creatividad, imaginación, fantasía... ¡Qué importantes son estas palabras! Un buen maestro o padre alimenta la fantasía de sus alumnos e hijos para que viajen con su imaginación y descubran horizontes insospechados.

Si algo he aprendido en los últimos años es que todos somos creativos, pero necesitamos saber y creer que lo somos. Necesitamos confiar en nuestras posibilidades.

Tenemos que alimentar la creatividad de nuestros niños llenando las aulas y los hogares de vida, de experiencias, de sonrisas... y propiciando lo que me gusta llamar «actividades despertador», actividades que despierten su creatividad, su imaginación, su fantasía, su curiosidad, su ingenio, su humor...

A la vez que proponemos este tipo de actividades, debemos hacerles creer en sí mismos, hacerles ver que son capaces de mucho más de lo que ellos piensan. Para ello, el lenguaje que utilicemos juega un papel crucial.

Cierto, el lenguaje es mágico y tiene la capacidad de hacernos creer en nosotros mismos, e incluso puede enseñarnos a volar. Es necesario que utilicemos palabras mágicas y que desechemos las palabras *feas* que pueden producir un efecto Pigmalión negativo.

Las palabras mágicas tienen la capacidad de crear cosas buenas, por eso debemos elegir muy bien las que utilizamos, ya que dan forma a nuestra realidad y a nuestras expectativas. Si hablamos y pensamos todo el día de forma negativa, encontraremos cada vez más negatividad a nuestro alrededor. Si, por el contrario, utilizamos palabras mágicas, nos será más fácil ver y hacer ver el lado soleado de la vida a nuestros alumnos e hijos.

Ojalá menos palabras que dañen,
destruyan, hieran, separen,
desanimen y resten.

Ojalá más palabras que respeten,
construyan, sanen, unan,
inspiren y sumen.

Hay que tener cuidado con las palabras que elegimos porque, para bien o para mal, marcarán a nuestros alumnos.

Otro aspecto que hay que tener en cuenta para no dañar su confianza y autoestima es la importancia de los sueños en el desarrollo y en la progresión de cualquier persona. Es importante que les ayudemos a proteger sus sueños y que garanticemos sus infancias.

Todo empieza por un sueño. Es lo que nos hace pasar a la acción. ¿Quiénes somos nosotros para menospreciar los sueños de nuestros alumnos e hijos? Simplemente es cuestión de ponerse a andar y de guiarlos hasta que encuentren el sendero oportuno. ¿Por qué preocuparnos si construyen castillos en el aire? Lo que debemos hacer es ayudarlos a colocar las bases debajo de ellos. ¿Por qué preocuparnos si colorean y garabatean fuera de las líneas? Ahí, fuera de las líneas, también pueden ocurrir muchas cosas, algunas de ellas increíbles e insospechadas.

Ya sabemos que todo sueño suele ir acompañado de algún que otro miedo. Por este motivo, como educadores hemos de enseñar a conquistar el miedo a nuestros alumnos e hijos. Conseguir que lo vean como una ocasión para mejorar y evolucionar. ¿Cómo conquistarlo? Actuando, como ya dije. La acción alimenta la confianza, la pasividad alimenta el miedo. Cuando lo conquisten, cualquier logro estará a su alcance, o, al menos, más cerca de ser conseguido.

Por último, aunque no menos valioso, es vital que les estimulemos para que crean en sí mismos. Si conseguimos que tengan fe en sí mismos, acabarán sorteando cualquier obstáculo. ¿Cómo lograrlo? Haciendo que se sientan queridos y capaces. Siendo conscientes de que nuestras creencias y las suyas determinarán sus realidades. Enseñándoles a mantener diálogos internos sanos y positivos. Y teniendo muy presente esta sabia reflexión de Nelson Mandela: «No te conviertas en algo menor de lo que puedas ser».

Si llevamos a la práctica todo lo que aquí describo es posible que nuestros alumnos e hijos alcancen uno de los estados más importantes, el estado CEM (confío-creo en mí). Es este un estado sagrado que las personas adultas nunca deberíamos dañar. Un estado al que siempre debemos acceder sin romper nada. Un estado idóneo en el que debemos potenciar sus habilidades hasta eclipsar sus debilidades.

Si nuestros alumnos e hijos confían en sí mismos y creen que podrán tener éxito, su nivel de esfuerzo y de persistencia en la tarea planteada aumentará.

Hijos y alumnos «auto»

Nuestro principal reto como educadores y como padres es preparar a nuestros alumnos e hijos para el camino, no preparar el camino para ellos.

Es un error convertirse en sus «limpia caminos».

Es un error hacer por ellos aquello que ellos pueden hacer por sí mismos.

Es un error dárselo todo hecho.

Es un error boicotear sus demandas de autonomía.

Es un error ser *docentes o padres carpinteros* que quieren tallar un tipo de modelo de hijo o de alumno.

Es un error no dejarles cometer errores y quitarles la oportunidad de aprender de ellos.

La sobreprotección les priva de uno de los aprendizajes más importantes de la vida: aprender a tomar decisiones y a aceptar las consecuencias y las responsabilidades que ello implica. Considero que son grandes aspectos que hay que cultivar en la escuela y en el hogar.

Creo que debemos hacer todo lo que esté en nuestras manos para que nuestros alumnos y nuestros hijos sean personas «auto», personas capaces de desarrollar resiliencia, agallas y habilidad para resurgir, para recuperarse tras sufrir un revés.

Este «hacer todo lo que esté en nuestras manos» lleva implícito un «no hacer» en muchas ocasiones.

Ayudarlos de más les hace menos:
menos capaces,
menos seguros,
menos responsables
y menos autónomos.

Si los guiamos para que lleguen a ser personas «auto», tendrán capacidad para:

- **Auto**gestionarse.
- **Auto**transformarse.
- **Auto**rregularse.
- **Auto**gobernarse.

Debemos empezar por garantizar que, respetando sus ritmos de aprendizaje, adquieran las herramientas y los saberes básicos para su autonomía personal y profesional.

Sin duda alguna, el principal objetivo de la educación debería ser formar personas capaces de gobernarse a sí mismas y no personas que esperen ser gobernadas por los demás. El gobierno de uno mismo es el mejor antídoto ante cualquier intento de manipulación por parte de otros.

Lo esencial es que ellos determinen sus acciones y decisiones; que se acostumbren a deliberar, a ponderar, a ver los pros y los contras de sus opciones. Tenemos que fomentar su capacidad crítica, potenciar su facultad de decidir y darles la posibilidad de elegir en casa y durante toda su escolaridad.

Como ya he dicho, está claro que en educación no existen bálsamos de Fierabrás ni fórmulas mágicas, pero si algo está más claro todavía y resulta realmente evidente es que para conseguir alumnos e hijos autónomos es conveniente, en determinados momentos, dejar de hacer tantas cosas por y para ellos y empezar a enseñarles a hacer más cosas por y para sí mismos.

Escuelas que acallan

Hay una gran reflexión del pedagogo Ovide Decroly que siempre me acompaña y que, todos los cursos, me viene a la cabeza para guiarme y para hacerme reflexionar sobre mi manera de educar. Es la siguiente:

> ¿No es una tontería querer favorecer la evolución de las facultades del niño condenándolo a la inmovilidad y al silencio durante las mejores horas del día y durante los años más espléndidos de su vida?

Pensemos... Normalmente, en las aulas nos encontramos niños que solo pueden hablar cuando nos interesa y de lo que nos interesa. Niños que piden permiso para todo y que se habitúan a recibir órdenes y a obedecer. Niños que, cuando crecen y se convierten en personas adultas, en el momento en que tienen la ocasión de poder elegir, sienten miedo y temor; niños que tiemblan ante la responsabilidad de ser ellos los que deben decidir.

La educación nunca debería estar alejada de la vida y regida por relaciones autoritarias que buscan la sumisión y que acostumbran a nuestros alumnos a esperar siempre indicaciones o propuestas ajenas para pasar a la acción.

Los niños necesitan maestros y padres tejedores que sepan que sus alumnos o hijos son capaces de mucho más de lo que tenemos previsto para ellos.

Tejedores que tejan para alejarnos cada vez más de un modelo educativo que proviene de la época de la Ilustración y que fomenta y valora que el alumno repita y reproduzca.

Tejedores que tejan todas estas palabras en cualquier escuela y en cualquier hogar: paciencia, emociones, calidez, amor, humor, ternura, pasión, afectividad, creatividad, experiencias, constancia, deseos, escucha, comprensión, empatía, diálogo...

Tejedores que no solo piensen en preparar para el futuro, porque el futuro está en el presente, en atender sus necesidades e intereses aquí y ahora. Estoy un poco cansado de las tan mencionadas «aulas del futuro». Genial que existan, pero al final... ¿quién va a disfrutar de ellas? Menos aulas del futuro y más aulas del presente, con el espacio suficiente, con las condiciones adecuadas y bien dotadas para todos.

Tejedores que tejan todos los días para terminar con las escuelas que, al menos a mí, no me gustan: las escuelas que acallan.

NO ME GUSTAN LAS ESCUELAS QUE ACALLAN, ME GUSTAN LAS ESCUELAS QUE...

No me gustan las escuelas que acallan los corazones,
me gustan las escuelas que laten.

No me gustan las escuelas que acallan las voces infantiles,
me gustan las escuelas que susurran, juegan y escuchan.

No me gustan las escuelas que acallan el amor,
me gustan las escuelas que abrazan.

No me gustan las escuelas que acallan las risas,
me gustan las escuelas que ríen y tienen sentido del humor.

No me gustan las escuelas que acallan los sueños,
me gustan las escuelas que sueñan y dejan soñar.

No me gustan las escuelas que acallan las emociones,
me gustan las escuelas que emocionan y se emocionan.

No me gustan las escuelas que acallan los sentimientos,
me gustan las escuelas que sienten y se expresan.

No me gustan las escuelas que acallan a las familias,
me gustan las escuelas que abren sus puertas.

No me gustan las escuelas que acallan las necesidades,
me gustan las escuelas que atienden las demandas.

No me gustan las escuelas que acallan las ideas,
me gustan las escuelas que creen en ellas.

No me gustan las escuelas que acallan el entorno,
me gustan las escuelas que se vinculan con él.

No me gustan las escuelas que acallan las pasiones,
me gustan las escuelas que despiertan talentos.

No me gustan las escuelas que acallan la vida,
me gustan las escuelas que viven y dejan vivir.

¡No dejemos nunca de tejer! ¡Gracias por no dejar de hacerlo!

¡Gracias! Credo para educar con las otras TIC

La paternidad influyó en mi labor como docente. Me cambió bastante; ser profesor no te hace mejor padre, pero ser padre sí te hace mejor profesor, te ayuda a comprender, a ponerte en el lugar de las familias, a ser más empático. Tengo un pensamiento recurrente cuando me encuentro con alumnos con dificultades, sean estas del tipo que sean. Siempre pienso: «¿Qué haría si fuera mi hijo?». Y este pensamiento me lleva a dar lo mejor de mí mismo en todo momento.

Somos un gran equipo, y por ello quiero finalizar esta aventura dándote las gracias y compartiendo contigo unas palabras que como padre escribí para las dos maestras y tutoras de mis hijas. Están escritas para ellas, pero ahora también para ti. Familia y escuela, ¡qué suerte tenernos!

> Con esta breve carta solo pretendemos dar las gracias a dos maestras muy especiales para nosotros. Han sido las maestras de nuestras hijas durante este curso escolar, Judith y María. Aunque bien es cierto que también consideramos que las maestras y que los maestros de educación primaria, de educación secundaria, de formación profesional y de la universidad son un tesoro, en esta ocasión nos vamos a centrar en ellas y en su etapa educativa. Ahí empieza todo.
>
> Ellas son las que han acompañado a nuestras hijas este año. Han sido sus maestras, pero su implicación ha sido mucho más que profesional; han sido su abrazo, su consuelo, su paño de lá-

grimas, sus magas del aprendizaje, su fuente de risas, su cobijo, sus enfermeras, sus quitapenas... Han sido para ellas un mundo maravilloso al que acudir cada mañana. Han convertido cada día en un viaje fantástico al país de la diversión y del aprendizaje.

Y para nosotros, sus padres, han sido una bendición. Cada mañana escuchábamos sus gritos de alegría mientras se preparaban para ir a clase a ver a sus fantásticas maestras, ansiosas por compartir un día más con ellas. Forman parte de nuestra familia, son más que maestras, son sus segundas madres, y así lo hemos sentido.

Judith y María, gracias por hacer que Amélie y Juliette siempre se hayan sentido importantes, felices, seguras, queridas y escuchadas a vuestro lado.

Gracias por hacerles sentir tan grandes y capaces.

Gracias por el brillo de vuestros ojos al verlas llegar por el pasillo, por regalarles con vuestras miradas la posibilidad de poder volar, por educarlas con esas otras TIC que tanto nos gustan: tiempo, interés y cariño. ¡¡¡GRACIAS!!!

«Gracias» es una palabra demasiado escueta para resumir tanto sentimiento.

Habéis sembrado en ellas la semilla más bonita: la del amor por el colegio.

Os debemos tanto... Dicen que la memoria borra los recuerdos de la primera infancia, pero la experiencia queda grabada en el corazón y determina nuestra personalidad y nuestra manera de actuar.

El legado emocional es mucho más valioso y la responsabilidad del maestro es inmensa en estas primeras etapas. Pues bien, la huella que ha quedado en el corazón de nuestras hijas no puede ser más bonita.

Gracias por enseñarnos que por encima de cualquier innovación metodológica o tecnológica están el cariño y el corazón de la maestra o del maestro.

Gracias por ser regazo, hombro y abrazo.

Solo queremos que sepáis que sois realmente GRANDES y que vuestro trabajo, vuestra dedicación, vuestra entrega y vuestro *estar* han conseguido que nuestras hijas viajen al próximo curso escolar con el mejor de los regalos en sus mochilas y en sus corazones: vosotras.

Judith y María, un trocito de Amélie y Juliette os pertenece. Ellas, a cambio, se llevan un trocito vuestro que siempre guardarán en su corazón; un trocito muy especial que les permitirá desplegar sus alas cuando llegue el momento.

Como hemos dicho, la palabra «gracias» se queda corta. Nada podría compensar lo que habéis sido para nosotros. ¡Os queremos!

Ahora sí, antes de poner el punto final a este libro, comparto contigo mi credo para educar con tiempo, interés y cariño:

- Creo en las personas que comparten su luz para alumbrar nuestro camino.
- Creo en los gestos que son refugio y que nos hacen volver a casa.
- Creo en las palabras bellas que nos sanan y que nos reconfortan.
- Creo en las pequeñas cosas y en aquellos momentos cocinados a fuego lento.
- Creo en los recuerdos que nos erizan la piel y que nos transportan a nuestra niñez.
- Creo en las miradas que nos hacen sentir que estamos donde tenemos que estar.
- Creo en los niños que protegen nuestros sueños cuando nos olvidamos de soñar.
- Creo en la vida que es saboreada, valorada y vivida.
- Creo en la familia que nos permite ser y creer.
- Creo en más de lo que creía creer, pero, sobre todo, creo en mí, creo en ti.

Epílogo

MANU ES POETA, poeta de la tiza, del entrelazado de unas trenzas de infancia, del papel arrugado con la nota de clase que va pasando de unas manos a otras para decir «Me gustas».

Un poeta es como un buen maestro, aquella persona capaz de poner palabras a las emociones que nos regala la vida, al efecto de una buena educación. Manu nos ha desnudado su alma en estos renglones.

Al pasearme por ellos, no he encontrado recetas, pero sí filosofía, pensamientos profundos y una manera de entender la infancia propia de una persona noble, muy comprometida y, desde luego, compasiva.

He podido darme cuenta de que quizá es necesario que estos párrafos, presentados uno detrás de otro, pueden leerse desordenados, cuando te apetezca y donde el azar te haga abrir el libro. Son párrafos que pueden releerse y saborearse.

MANU ES.

Ser un buen docente se relaciona precisamente con la palabra «SER». El docente del siglo xxi que merece su título profesional es el que enseña lo que ES, y no lo que sabe; dado que tenemos que enseñar mucho más de lo que sabemos, y en ocasiones mucho menos de lo que creemos saber.

Creo que todo lo que comparten las pedagogías modernas o emergentes funciona, solo eso, lo que tienen en común; y lo que suelen tener en común es lo que has podido encontrar en cada párrafo de este libro: el niño y la niña en el centro del sistema, quizá más aún, en el centro de la galaxia. Siempre imagino el firmamento lleno de estrellas brillantes, un manto infinito lleno de purpurina.

Y, claro, esto también significa que las experiencias de éxito no son exportables, solo son inspiradoras. No puedo copiar las ideas de Manu, ni las de su alumnado, ni las experiencias con sus hijas, no puedo ni quiero ser Manu; solo quiero inspirarme en su propuesta. Creo que este libro es ni más ni menos eso: una fuente de inspiración.

Creo que este libro sería un perfecto «libro de texto» para trabajar con el alumnado en clase. Deberíamos leerles (leerle a un niño es regalarle lectura, no hacerle preguntas sobre lo leído) cada día algunos párrafos de este y de otros libros y dejar fluir sus pensamientos y sus palabras. Creo que, si hiciéramos eso, y nos dedicáramos cual «taquígrafos» a recoger sus ideas y sus propuestas, el sistema educativo podría ser perfecto.

Ser docente significa estudiar cada día, estar informado, ser una persona culta, escuchar música, conocer diferentes culturas, ser una persona que se trabaja cada minuto para alcanzar su excelencia emocional; es fundamentalmente hacer un elogio del RESPETO, cada segundo de escuela. El trabajo del docente en el siglo XXI está basado en la generosidad. Educar es un acto de amor, de admiración. Se trata de una profesión que integra incondicionalmente la «pasión»: trabaja con *pasión* y desde la com*pasión*.

Amar es comprender la singularidad del ser, amar es cuidar, pero no cuidar tanto que se anule al otro; es cuidar permitiendo la realización de la otra persona. Amar es dar permiso. Permiso de vivir y de existir sin el otro. Permiso de salir y de entrar, de ser y de crecer. Por esto, el amor en ocasiones es la máxima generosidad (por mi hija daría la vida) y en ocasiones es muy egoísta (por amor, no le permito salir, ni ir sola a ningún sitio..., ¿y si le pasara algo?).

Para que esto sea posible dentro de los parámetros de la profesionalidad, el docente que quiero, que Manu quiere, debe ser un profesional buena persona.

Nuestra infancia necesita docentes ilusionados, capaces de tunear la norma, porque lo importante siempre es el niño, la niña.

Nuestro alumnado quiere que sus maestros y maestras sepan de poesía, de agujeros negros en el espacio, de animales de África y de música. Quieren que sepan de filosofía, de fútbol y de noticias interesantes del mundo. Quieren que seamos cultos. Nos quieren generosos y aprendices; nos quieren respetuosos y con siete sentidos. Sí, siete. Las personas normales tienen cinco. Los docentes valiosos, siete.

Ser maestra o maestro implica poder soñar despiertos, sentir que para todo hay una solución, querer que los demás se sientan tan felices como se sienten con poco la infancia, que perdonan y luego siguen jugando como si nada hubiese sucedido, que aprovechan al máximo el tiempo, que lloran y ríen con la misma disponibilidad, que dicen lo que sienten cuando lo sienten y como lo sienten... Que se levantan cada día como si fuese su cumpleaños.

De Manu aprendí que la escuela puede ser mejor si tú lo quieres, y que el camino de la trasformación no vendrá de boletines oficiales, pero sí de la mano del Efecto Purpurina, que es contagioso, que no se quita ni con una buena ducha y que sigue pegado en las sábanas de tu cama y duerme contigo.

La lectura de este libro me ha hecho sonreír. Y aunque no es fácil encontrar razones para hacerlo, sabemos que la sonrisa elimina el cansancio, nos empuja hacia una buena elección de nuestra actitud y relativiza las circunstancias adversas.

Por esto quiero darle las gracias a Manu. Gracias, Manu, por regalarme tu sonrisa y por hacerme sonreír, y no te rindas, recuerda que aquellas personas que no recuerdan cómo se sonríe son las que más necesitan ver esa sonrisa tuya.

Mar Romera

Agradecimientos

No puedo finalizar este libro sin dar las gracias a varias personas extraordinarias que me han acompañado hasta aquí.

A mi editora, **Teresa Petit**, por tener una paciencia infinita y por confiar en mí desde el principio. Encarnas a la perfección las otras TIC. Gracias por tu tiempo, por tu interés y por tu cariño.

A **Jorge Ruiz**, por ser inspiración para mí, por tu amistad, por ser faro y guía.

A **Mar Romera**. Tu fuerza, tu afecto y tu visión me hacen creer en una educación mejor y en un mundo más acogedor.

A **mi maestra Amparo y a mi profesor Juan Carlos**, por verme, por escucharme, por creer en mí.

A **Pedro, el bibliotecario de mi pueblo**, por abrirme las puertas al mundo mágico de la lectura y del conocimiento; por hacerme sentir la biblioteca de mi pueblo, Toreno, como un hogar.

A **mi colegio**, por hacerme sentir que estoy en casa y por ayudarme a crecer como persona y como maestro.

A **mi mujer, Gaëlle Vargas Le Men**, porque las otras TIC son tuyas y contigo y de tu mano las he aprendido.